2019年主题出版重点出版物
“十三五”国家重点出版物出版规划项目
新时代马克思主义经典文献精学导读丛书 主编/顾海良

《反对本本主义》精学导读

陈培永◎著

科学出版社
北京

内 容 简 介

本书是一部基于毛泽东的《反对本本主义》所写的、但又是独立于原著的、时代感十足的作品，是一本新时代的“反对本本主义”或者“新反对本本主义”。本书分析了究竟什么是本本主义、教条主义、形式主义、官僚主义、经验主义、主观主义的问题，探究了产生这些错误的思维方式、思想方法的根源，最后落脚于在新时代如何科学对待马克思主义、如何真正贯彻上级指示、如何有效开展调查研究、如何真正做到实事求是，也可以说是从理论学习方法、领导方法、工作方法、思想方法等四个层面，为新时代提供了“反对本本主义”的进路。

本书内容通俗易懂、深入浅出，适合党政领导干部、马克思主义理论专业的学生与研究者，以及对毛泽东的文本及其思想感兴趣的读者阅读。

图书在版编目(CIP)数据

《反对本本主义》精学导读 / 陈培永著. —北京：科学出版社，2019.11

（新时代马克思主义经典文献精学导读丛书/顾海良主编）

“十三五”国家重点出版物出版规划项目

ISBN 978-7-03-063500-6

Ⅰ. ①反… Ⅱ. ①陈… Ⅲ. ①理论联系实际-毛泽东著作研究 Ⅳ. ①A841.23

中国版本图书馆 CIP 数据核字(2019)第 260849 号

责任编辑：刘英红 / 责任校对：贾娜娜

责任印制：赵 博 / 封面设计：润一文化

科学出版社出版

北京东黄城根北街 16 号

邮政编码：100717

http://www.sciencep.com

天津市新科印刷有限公司印刷

科学出版社发行 各地新华书店经销

*

2019 年 11 月第 一 版 开本：720 × 1000 1/16

2025 年 5 月第十次印刷 印张：6 3/4

字数：66 000

定价：29.80 元

(如有印装质量问题，我社负责调换)

丛书编委会

总　序

“新时代马克思主义经典文献精学导读”是根据新时代学习马克思主义经典著作的需要，对各主要的经典著作所蕴含的马克思主义基本原理及其精神实质作出学习和研究性导读。

马克思主义基本原理是马克思主义的理论精粹，体现了马克思主义的根本性质和整体特征，体现了马克思主义立场观点方法的核心要义，体现了马克思主义科学性、人民性、实践性和时代性的思想特征。习近平总书记指出：“掌握马克思主义，最重要的是掌握它的精神实质，运用它的立场、观点、方法和基本原理分析解决实际问题。”[①]在坚持和发展中国特色社会主义中，我们说“老祖宗”不能丢，在根本上就是马克思主义基本原理不能丢。

马克思主义基本原理深刻地蕴含于马克思主义经典著作之中；马克思主义经典著作是马克思主义基本原理的思想本源和理论基础。同时，马克思主义经典著作也蕴藏着马克思主义经典作家汲取人类探索真理的丰富的思想成果，深刻展现了马克思主义经典作家攀登科学高峰、矢志追求真理的精神境界。

① 习近平：《中国共产党90年来指导思想和基本理论的与时俱进及历史启示》，《学习时报》2011年6月27日。

深入研读马克思主义经典著作是理解和掌握马克思主义基本原理的必修课，也是理解和掌握马克思主义理论体系的基本功。如习近平总书记所指出的："共产党人要把读马克思主义经典、悟马克思主义原理当作一种生活习惯、当作一种精神追求，用经典涵养正气、淬炼思想、升华境界、指导实践。"①

"马克思主义就是我们共产党人的'真经'，'真经'没念好，总想着'西天取经'，就要贻误大事！"②在提到学习《共产党宣言》的重要意义时，习近平总书记提出："广大党员、干部特别是高级干部要学好用好《共产党宣言》等马克思主义经典著作，坚持学以致用、用以促学，原原本本学，熟读精思、学深悟透，熟练掌握马克思主义立场、观点、方法，不断提高马克思主义理论素养。"③理论联系实际，在深化马克思主义经典著作研究阐释中，"推进经典著作宣传普及，让理论为亿万人民所了解所接受，画出最大的思想同心圆。"④

"新时代马克思主义经典文献精学导读"对各经典著作的研究阐释，由北京大学、中国人民大学、北京师范大学等高校马克思主义学院从事马克思主义经典著作教学和研究的学者担

① 《十九大以来重要文献选编》上，中央文献出版社 2009 年版，第 434 页。

② 《习近平关于全面从严治党论述摘编》，中央文献出版社 2016 年版，第 66 页。

③ 习近平：《中国共产党是〈共产党宣言〉精神忠实传人》，《人民日报》2018 年 4 月 25 日。

④ 习近平：《深刻感悟和把握马克思主义真理力量 谱写新时代中国特色社会主义新篇章》，《人民日报》2018 年 4 月 25 日。

纲。在对各经典著作的研究阐释中，首先力求对各经典著作形成的社会和历史条件作出准确解读，凸显相应的马克思主义基本原理形成和发展的思想基础和理论背景；其次力求对各经典著作理论内涵和精神实质作出系统导读，彰显新时代学习和实践相应的马克思主义基本原理的理论意义和现实意义；最后力求对经典著作中体现的科学原理和科学精神相结合的思想特征作出全面论述，更为深刻地理解“历史和人民选择马克思主义是完全正确的，中国共产党把马克思主义写在自己的旗帜上是完全正确的，坚持马克思主义基本原理同中国具体实际相结合、不断推进马克思主义中国化时代化是完全正确的”[①]。

“要以科学的态度对待科学，以真理的精神追求真理，不断赋予马克思主义以新的时代内涵。”[②]习近平新时代中国特色社会主义思想就是当代中国马克思主义，就是21世纪马克思主义。学习马克思主义经典著作，要同学习习近平新时代中国特色社会主义思想结合起来。在这一结合中，更为深刻地理解习近平新时代中国特色社会主义思想，更有定力、更有信心，也更加自觉、更加自信地坚持和发展新时代中国特色社会主义，确保中华民族伟大复兴的巨轮始终沿着正确航向破浪前行。

顾海良

2019年11月1日

① 《十九大以来重要文献选编》上，中央文献出版社2009年版，第427—428页。

② 习近平：《深刻感悟和把握马克思主义真理力量 谱写新时代中国特色社会主义新篇章》，《人民日报》2018年4月25日。

序言　今天还需要“反对本本主义”吗?

经典之所以能够成为经典，原因虽有不同，但必有其独特之处——有的靠思想厚重，有的靠推理缜密，有的靠旁征博引，有的靠复杂艰深，有的靠表达新颖，有的靠语言优美……

《反对本本主义》（原名《调查工作》），是毛泽东于1930年所写的文章，总字数5000字左右，这还要加上注释部分的文字。它何以成为经典之作？今天我们为什么还要去阅读它？

它读起来不难，没什么玄奥难懂之处，甚至通读一遍就可以了然于胸；它较为细化，就像具体工作中的经验总结，以至于很难进行理论化思考；它包含的观点，如“没有调查就没有发言权”，已经耳熟能详，似乎不去重读也不会漏掉什么。

即使有如此多的“瑕疵”，也无法削弱它的经典地位，这更加凸显了这篇文章的厉害之处。

《反对本本主义》可以说是典型的以小见大的佳作，它奠定了毛泽东思想形成的重要基石，蕴含了中国共产党人实事求是思想路线的萌芽，初步呈现了马克思主义中国化的理论自觉，为中国革命、建设和改革的历史实践提供了重要的方法论。

《反对本本主义》还是与我们每个人息息相关的作品，它回答的不是某个历史阶段的问题，而是每个时代的问题；它针对的不仅是当时少数人的观念错误，还是今天我们可能还会遇到的思维方式、思想方法问题；它提供的不只是领导方法和工作方法，还是我们每个人干成一番大事、成就一番事业的成功密码。

谁也不能保证，《反对本本主义》所涉及的问题不会再次发生在我们自己身上，所批判的错误思想方法不会再次出现在我们的头脑中。

我们并不是对“本本主义”免疫了，我们可能会犯“本本主义”的错误，也可能会不自觉地犯形式主义、官僚主义、经验主义等主观主义的错误，因此我们需要知道根源何在，需要知道如何避免。

就此而言，无论是从党和国家事业的高度，还是从每个人工作、学习、生活的角度来说，我们都需要“反对本本主义”，都需要重读《反对本本主义》。

本书将对这篇文章进行深度挖掘，首先从它产生的时代背景和理论地位开始，其次分析究竟什么是本本主义、教条主义、形式主义、官僚主义、经验主义、主观主义等，以探究产生这些错误的思维方式、思想方法的根源，最后将从如何科学对待马克思主义、如何真正贯彻上级指示、如何有效开展调查研究、如何真正做到实事求是，也可以说是从理论学习方法、领导方法、工作方法、思想方法等四个层面探讨“反对本本主义”的进路。

目　　录

第一章　充满传奇色彩的作品

毛泽东一生写作了很多为人熟知的作品，但要论经历最为曲折、最充满传奇色彩的作品，《反对本本主义》绝对能排得上。很少有哪一部著作能像《反对本本主义》一样，演绎着孪生兄弟、失而复得、重新更名、旧作新用的传奇故事。我们先走进这个传奇故事，把握这篇文章的精彩观点和当代价值，看看这篇文章是在何种背景下写出来的，为何被毛泽东那么看重，在当时和之后又扮演了什么角色、起到了什么作用。

一、“经过一番大斗争以后写出来的”文章

关于《反对本本主义》的写作背景，毛泽东本人曾在 1961 年公开讲过，“这篇文章是经过一番大斗争以后写出来的”[①]，“是一九三〇年写的，总结了那个时期的经验”[②]。那是一番什么样的大斗争呢？又总结了那个时期的什么经验呢？

把时间拉回到 1927 年，当时蒋介石和汪精卫先后与中国

① 《毛泽东文集》第 8 卷，人民出版社 1999 年版，第 252 页。

② 《毛泽东文集》第 8 卷，人民出版社 1999 年版，第 257 页。

共产党决裂，轰轰烈烈的大革命失败。不久后，南昌起义、秋收起义、广州起义相继爆发，中国共产党开始独立领导革命斗争，但这些起义最终都没有成功。毛泽东迅速做出新的战略部署，领导秋收起义残部向敌人统治力量薄弱的山区进军，创建了第一个农村革命根据地——井冈山革命根据地。

井冈山地处罗霄山脉中段，位于湖南、江西交界地带，自古便有“郴衡湘赣之交，千里罗霄之腹”的美称。毛泽东领导军队进驻井冈山后，对井冈山整个地区做了充分调查和比较研究，按他的话来说就是“整个的罗霄山脉我们都走遍了”[①]。

毛泽东分析了井冈山地区的革命历史、群众组织状况和地理状况，认为以宁冈为中心的罗霄山脉中段最利于军事割据，于是在此建立了革命根据地。随着革命的发展，根据地政权不断巩固，党和军队建设不断完善，以宁冈为中心的井冈山革命根据地成为名副其实的革命大本营。

只是好景不长。1928 年 6 月 30 日，毛泽东在永新县主持召开中共湘赣边界特委、红四军军委和永新县委联席会议，即永新联席会议，中共湖南省委巡视员杜修经出席会议并宣读了省委给湘赣边界特委和红四军军委的指示信。

该指示信要求红四军离开湘赣边界集中力量向湘南发展，只留一个营的部队守山。参会者讨论了该指示信，客观分析了敌我斗争形势，大多数人不同意红四军去湘南的意见，最后做

① 《毛泽东选集》第 1 卷，人民出版社 1991 年版，第 79 页。

出了红四军当前不宜去湘南、继续在湘赣边界做群众工作、建设巩固的根据地的决定。

1928年7月，国民党湘军趁红四军分兵发动群众之时出兵发起“会剿”。朱德、陈毅率领红四军第二十八、二十九团攻克酃县，在返回宁冈途中，随军行动的杜修经再次提出湖南省委关于红四军应往湘南发展的决定，此时第二十九团官兵返乡情绪高涨，也都纷纷要求返回湘南家乡。朱德、陈毅不得不指挥第二十八、二十九团前往湘南，由毛泽东指挥两个团在永新抵抗赣军十一个团。8月，红四军在敌军的猛攻下先后失去莲花、宁冈，第二十九团也溃不成军。杜修经教条式地执行省委决定及不顾实情的分兵冒进策略，使红四军为此付出了沉重代价，最终酿成“八月失败”。

之后，中共湘赣边界特委和红四军军委及时采取补救措施，重新收复了宁冈全县。毛泽东总结了这次失败的教训，认为失败的原因“完全在于一部分同志不明了当时正是统治阶级暂时稳定的时候，反而采取统治阶级政治破裂时候的战略，分兵冒进，致边界和湘南同归失败。湖南省委代表杜修经同志不察当时环境，不顾特委、军委及永新县委联席会议的决议，只知形式地执行湖南省委的命令，附和红军第二十九团逃避斗争欲回家乡的意见，其错误实在非常之大”①。

在残酷的军事斗争形势下，毛泽东的正确路线在红四军和

① 《毛泽东选集》第1卷，人民出版社1991年版，第52页。

边界党组织与政权建设中得以继续实行，井冈山革命根据地也迎来了一段相对平稳的发展时期。

但在数月之后，根据地又面临着新一轮的国民党军“会剿”威胁。面对数倍于自己的敌军的猛攻和“追剿”，井冈山根据地最终因寡不敌众而失守，毛泽东、朱德在行军赣南途中也多次陷入险境。然而，大危机酝酿着大突破。毛泽东、朱德率领红军到达闽西长汀县后，寻机攻打敌军据守的长岭寨，取得歼敌两千、缴枪五百的战绩。这场战斗成为红四军转入闽西地区后赢得的第一场大胜仗，同时拉开了创建闽西革命根据地的序幕。

每到一地必先调研，在当时已经成为毛泽东的工作习惯。占领长汀县后，毛泽东邀请长汀县里的钱粮师爷、衙役、裁缝、教书先生、佃农、游民等各阶层的人，通过他们了解长汀县的政治情况、经济情况和风俗民情，制定了符合革命目标和当地实际的土地政策与城市政策。

毛泽东还主持召开了中共红四军前敌委员会扩大会议，认为蒋桂两派军阀矛盾尖锐，大战一触即发，国民党军后防力量空虚，这正是红军大发展的有利时机，进而勾画出一幅创建赣南、闽西革命根据地的新蓝图。毛泽东、朱德等人为此马不停蹄地开始了各项准备工作，深入开展调查研究，组织发动群众，制定《兴国土地法》，开展政治宣传，扩大割据区域，建立基层政权等，为建立新的革命根据地奠定了坚实基础。

就在各项工作有序进行时，中共中央派遣的刘安恭来到于都，被红四军前敌委员会任命为政治部主任和临时军委书记。刘安恭是一位老革命，参加过南昌起义，在起义部队中做过政治工作。1928 年，曾与刘伯承等人同赴苏联学习。1929 年 5 月，他以中央特派员的身份，携带中共六大文件和中央 2 月 7 日给红四军的信到红四军指导工作。

刘安恭的到来给红四军增加了一些不和谐的声音，并最终引发了一场大争论。这场争论围绕个人领导和党的领导、前敌委员会和军事委员会的关系等军队建设问题展开，红四军内部产生严重分歧，形成两种意见：一种意见认为“军队指挥需要集中而敏捷”，另设军事委员会实际上是“分权主义”；另一种意见认为“既名四军，就要有军事委员会”，指责前敌委员会“管得太多”“权力太集中”，是“书记专政”“家长制”，这种意见实际上是针对毛泽东的建军原则。

无休止的争论致使红四军前敌委员会不能正常开展工作。1929 年 6 月 8 日，红四军召开前敌委员会扩大会议，最终决定取消临时军事委员会，毛泽东主动要求辞去了前敌委员会书记的职务，刘安恭亦被调任为红四军第二纵队司令员。但是，临时军事委员会的取消并没有遏制住争论，6 月 22 日陈毅主持召开的红四军第七次代表大会也没有解决这些问题。此后，毛泽东便离开了领导岗位，深入地方开展工作。

争论受到中共中央的高度重视。1929 年 7 月底，陈毅赴上海向中共中央汇报红四军的工作。中央经过讨论后，批评了军队中的极端民主化倾向，肯定了红四军暂时不设军事委员会的决定，指出在红军中采取“比较的集权制”是正确的，不能将其与“家长制”混为一谈，并提出调刘安恭回中央，维护毛泽东、朱德在红四军的领导地位。之后，由陈毅根据会议讨论意见，起草了一封指示信带回红四军，即“九月来信”。随后，毛泽东重新担任前敌委员会书记,从而使红四军避免了可能造成的其他消极影响。

在离开红四军前敌委员会领导职位的那段时间，毛泽东曾在回复林彪的一封信中，深入分析了出现“两个思想系统的斗争”的历史原因，认为“现在的争论问题，不是个人的和一时的问题，是整个四军党的和一年以来长期斗争的问题，不过从前因种种原因把它隐蔽了，到近日来才暴露出来”[①]。他在信中还提到“一种形式主义的理论从远方到来”[②]，实际上就是指刘安恭的教条主义错误，但毛泽东此时没有将这种错误归结为“本本主义”或“教条主义”。

毛泽东恢复红四军前敌委员会领导职务后，为纠正党内的错误思想，并为红四军第九次代表大会做准备，召集支队、大队干部和士兵代表举行了多次调查会，梳理党和军队中存在的各种错误思想。

在他亲自起草的代表大会决议案中，毛泽东专门提到“主

① 《毛泽东文集》第 1 卷，人民出版社 1993 年版，第 64 页。
② 《毛泽东文集》第 1 卷，人民出版社 1993 年版，第 67 页。

观主义”问题，并提出要通过加强马克思列宁主义的教育、注意社会经济的调查和研究、党内批评防止主观武断和庸俗化三个措施加以纠正。通过社会经济调查法纠正主观主义的思想错误，已经被毛泽东认定为行之有效的方案。

1930 年初，为粉碎国民党军的新一轮“会剿”，毛泽东、朱德率军离开闽西转移到赣南,力图实现早已谋划的创建赣南、闽西革命根据地的计划。在挥师赣南途中，毛泽东每到一处都十分注意号召军队开展社会经济调研工作，以制定符合实际的政策，巩固新建立的基层政权。

1930 年 5 月，红四军攻克寻乌后，毛泽东、朱德部署军队加以休整。毛泽东充分利用这一段来之不易的安定时间，对寻乌进行了全面的社会调查，接连召开了十多天的座谈会，形成了后来的《寻乌调查》，并在同期先后写成两篇文章，这就是《反对本本主义》和《调查工作》。

我们可以看到，这场大的斗争就是与杜修经、刘安恭为代表的教条主义、主观主义错误的斗争，所积累的经验就是一定要通过调查实际情况而不能完全靠理论指导、靠上级指示或决议来进行革命和开展工作。

二、失而复得的“老文章”的新用

我们经常把自己得意的作品比作自己的孩子，因为它是自己思想的产物，它凝结着辛勤、心血和智慧，虽不需经过十月怀胎之痛来生产，但也要耗费大量心血才能写出。而且，有的作品一生只能写出一篇，不在特定的时代背景下、不经历一些事情是不可能写出来的。我们会把自己的孩子奉若珍宝，对待自己得意的作品同样如此，“孩子”丢了，心情可想而知会有多糟糕。

《反对本本主义》和《调查工作》这两篇文章，恰恰就被弄丢了。待重新被发现并进入毛泽东和党中央的视野，那时已经过去了将近 30 个年头，而且只有其中的一篇找到了，这篇文章是《调查工作》。

毛泽东曾于 1961 年在广州中央工作会议上公开说：“写这篇文章之前，还写了一篇短文，题目叫《反对本本主义》，现在找不到了。这篇文章是最近找出来的。别的文章丢了，我不伤心，也不记得了，这两篇文章我总是记得的。忽然找出一篇来了，我是高兴的。”①

《调查工作》得以重新面世，要归功于一位老委员——赖茂基。赖茂基是上杭县茶地官山村人，生于 1893 年，曾担任代英县（1933 年为纪念恽代英烈士而成立）苏维埃粮食部部长和县苏维埃执行委员会委员。20 世纪 30 年代，他以商贩的身份为红军秘密传送信物。当年赖茂基偶然发现毛泽东所著的《调查工作》一书，视如珍宝，专门打了一个小木箱，把它珍藏起来。

① 《毛泽东文集》第 8 卷，人民出版社 1999 年版，第 257 页。

中华人民共和国成立后，曾经因禁止传阅而藏起来的大批文献资料得以重见天日。1955 年，中共中央办公厅发布在全国范围内征集革命历史资料的通知。赖茂基将珍藏已久的《调查工作》一书取出，捐献给中共福建上杭县委，后上交给中共龙岩地委。中央革命博物馆得知消息后，第一时间将《调查工作》作为历史文物征集回来并妥善保存。

1960 年冬，中央档案馆从中共福建省委办公厅报送的革命历史文件目录中发现了这一文献，经调查得知，该文献已经被上调北京，遂将其从中央革命博物馆借来并送交给毛泽东的秘书田家英查看。大约一个星期后，田家英将原稿退回中央档案馆，并命其铅印 100 份，其中 50 份自己留存，其余的由中央档案馆保存。很快，田家英便将铅印的《调查工作》呈送给毛泽东。直到此时，已失散 30 年的“孩子”历经波折终于又出现在毛泽东面前。

1961 年 1 月，当毛泽东看到这本《调查工作》后，非常重视，特意交代田家英将其分送给陈伯达、胡乔木等人，请他们对文章进行修改。同年 3 月，毛泽东在广东召开会议期间给文章题目增加了两个字，改为《关于调查工作》，并将其拿出来分发给参会的同志，说“可以提出反对意见，但不要置之不理”[①]。

毛泽东还解释了这篇文章的写作要旨，指出：“那里提出的问题是作系统的亲身出马的调查，而不是老爷式的调

---

① 《毛泽东文集》第 8 卷，人民出版社 1999 年版，第 251 页。

查。”[1]毛泽东强调："这篇文章看来还有些用处……文章中心点是要做好调查研究工作。”[2]紧接着他对文章的七节内容逐一进行深入浅出的讲解，既讲到历史，又触及现实。

毛泽东对自己的著作一向持十分严谨认真的态度，经常会主动邀请党内同志并亲自执笔进行反复修改，但在中央工作会议上如此详细地对文本的每一节内容进行讲解，这在毛泽东一生中实属罕见。可想而知，《关于调查工作》一文在毛泽东看来是何等重要。他如此重视这篇文章，自然首先是因为其主题鲜明、内容精要、语言凝练，更深层也更现实的原因是毛泽东此时正领导全党纠正“大跃进”运动、人民公社运动的“左”倾错误。毛泽东想以《关于调查工作》为杠杆撬动纠“左”进程。

早在 1960 年 3 月 23 日，毛泽东代表党中央向各省区市党委、中央部委和党组发出《坚决制止重刮“共产风”等违法乱纪行为》的指示信。随着纠“左”力度的加大，毛泽东逐渐触及问题根本，力图从思想路线和工作方法上改变这种状况。他在 1961 年 1 月的中央工作会议上指出：“要是不做调查研究工作，只凭想象和估计办事，我们的工作就没有基础”，号召大家“大兴调查研究之风，一切从实际出发”[3]调查研究，实事求是，是这一时期毛泽东领导党和国家工作依然非常强调的方法论。

① 《毛泽东文集》第 8 卷，人民出版社 1999 年版，第 251 页。
② 《毛泽东文集》第 8 卷，人民出版社 1999 年版，第 256 页。
③ 《毛泽东文集》第 8 卷，人民出版社 1999 年版，第 233—234 页。

田家英将《调查工作》这本珍贵的小册子呈送给毛泽东，可谓正逢其时，毛泽东自然对其爱不释手。一方面，这一篇为反对党和军队内存在的教条主义思想而写的“老文章”在社会主义建设时期重新以纠“左”“战士”的身份重获新生，一点也没有过时，从另一个方面说明了它仍具时代价值，也让我们不由得感叹这篇文章所散发的思想魅力！

《关于调查工作》当时一开始是以内部文件的形式在党内传阅的，直到 1964 年，《关于调查工作》被毛泽东更名为《反对本本主义》，收录进《毛泽东著作选读（甲种本）》①，首次公开发表。改革开放后，《毛泽东选集》第二版于 1991 年出版，在原有篇目的基础上增加了《反对本本主义》。

也就是说，我们现在所能看到的《反对本本主义》的前身正是《调查工作》，而原初版本的《反对本本主义》至今下落不明。这两篇文章犹如孪生兄弟，几乎同时诞生，但是其命运迥然不同。

《反对本本主义》自 1930 年诞生，历经 34 年岁月，最终为广大群众所熟知。在此之前，“没有调查就没有发言权”的口号早已耳熟能详。当读者亲眼看到这篇光辉著作时，怎能没有“相见恨晚”之感！

---

① 1964 年，为方便不同社会群体更好地学习毛泽东的著作，人民出版社出版了《毛泽东著作选读（甲种本）》供一般干部使用，同时由中国青年出版社出版了《毛泽东著作选读（乙种本）》供工农青年使用。

三、不可撼动的重要基石

一部作品的价值会随着时代的发展持续发酵，深读《反对本本主义》及毛泽东之后的作品，综观中国共产党人的理论与实践发展，我们很容易就能发现这个文本的价值，本本主义（教条主义）、形式主义、主观主义、调查研究、实事求是、群众路线、独立自主、阶级分析、马克思主义中国化等这些我们耳熟能详的词汇都或明或暗、或多或少地出现在其中。

可以说，《反对本本主义》在毛泽东思想发展过程中，甚至在中国马克思主义发展史上都具有重要的地位。习近平曾指出：毛泽东"在革命战争年代写下的《反对本本主义》、《实践论》、《矛盾论》等著作，在社会主义建设时期写下的《论十大关系》、《关于正确处理人民内部矛盾的问题》等著作，灵活运用了辩证唯物主义世界观和方法论，形成了具有鲜明中国特色的马克思主义哲学思想，为我们党掌握和运用辩证唯物主义树立了光辉典范"①。

《反对本本主义》首先是我们分析教条主义等主观主义错误的第一个权威文本。从一定意义上说，毛泽东思想正是在反对对马克思主义的教条化理解中形成、成熟和发展的，而《反对本本主义》是一个起点，它竖起了一面旗帜，开启了揭露批

① 习近平：《辩证唯物主义是中国共产党人的世界观和方法论》，《求是》2019年第1期。

判教条主义等主观主义错误的先河。

虽然之后的文本如《实践论》《矛盾论》《改造我们的学习》《整顿党的作风》等对主观主义进行了更为系统、全面、深刻的分析，但这些分析的原点就在《反对本本主义》中。

第一，如何摆脱教条主义的错误不仅是毛泽东这一代中国共产党人的任务，也是之后一代又一代中国共产党人的任务。教条主义的错误不仅在当时存在，在之后的革命、建设、改革中也时不时地冒出来，包括“文化大革命”实际上也是教条主义地理解了马克思主义的阶级斗争理论，而毛泽东去世之后的“凡是毛主席作出的决策，我们都坚决维护，凡是毛主席的指示，我们都始终不渝地遵循”①这“两个凡是”的提出，更是教条主义的典型再现。常读《反对本本主义》，时刻保持警醒，无疑是必要的。

第二，《反对本本主义》强调的调查研究方法是共产党人在任何时候都应掌握的看家本领。在这篇不到 5000 字的文章中，“调查”一词共出现了 60 次，可以称得上是最高频的词汇，是核心关键词。

调查是反对教条主义的根本方法、有力武器，也是毛泽东最为推崇的社会科学的研究方法、做好一切工作的根本方法。这部作品具体而细微地讲到了调查研究的对象、思路、具体细节等问题，全面系统地呈现了调查研究的方法论。而且，毛泽东所

① 佚名：《学好文件抓住纲》，《人民日报》1977 年 2 月 7 日第 1 版。

强调的调查研究是将阶级分析方法有机融入的调查研究，实际上还贯穿了从群众中来、到群众中去的群众路线，调查研究及与之相关的阶级分析法、群众路线在之后的很多场合和很多作品里面一贯强调与不断总结，是毛泽东给中国共产党人贡献的一笔宝贵财富。

第三，《反对本本主义》对中国共产党实事求是的思想路线进行了初步概括。我们会发现实事求是思想路线中的诸多要素，都在文本中有所体现，如一切从实际出发，强调执行上级指示时要根据实际情况进行讨论和审查；理论与实践相结合，强调马克思主义的理论要学，但要和我国的实际情况相结合；实践是检验真理的标准，强调马克思主义理论的正确性体现为在我们的实践中证明了是对的；具体问题具体分析，强调要针对具体问题的现实情况和历史情况提出解决问题的方法；等等。

思想路线的初步提出，标志着中国共产党人向成熟的马克思主义政党迈进了一大步，为中国共产党人大胆探索中国革命的独特道路、推进马克思主义在中国与时俱进的发展摆脱了束缚，做好了思想准备。

第四，《反对本本主义》为"马克思主义中国化"命题的提出做好了理论准备。没有马克思主义，没有马克思主义的中国化，就没有中国革命的成功，也就没有中国的今天和未来。没有"中国化"，马克思主义也就不可能显示出其改变中国的思想伟力。"马克思主义中国化"命题的提出，绝对不是一下子就在头脑中蹦出来的，也不是通过纯粹理论研究、推演就能得出来的，而是在当时血与火的革命实践中经过艰苦思考探索得来的。

这个命题虽然是毛泽东在 1938 年正式提出的，但其基本内涵、基本精神已经蕴含在《反对本本主义》之中。《反对本本主义》所强调的既要注重马克思主义的文本又要与中国实际相结合、不能将文本教条化而阻碍革命实践的科学态度，在今天依然有现实意义。真正地继承毛泽东思想，科学地对待马克思主义，就应该再好好读读毛泽东的这篇文章。

第五，《反对本本主义》为中国特色社会主义理论和实践提供了哲学方法论支撑。中国特色社会主义是马克思主义基本原理与中国改革开放的新实践相结合的产物，这与《反对本本主义》中所提倡的学习和践行马克思主义的态度是完全相符的。中国特色社会主义是社会主义，符合科学社会主义的基本原则，是在不断发展的马克思主义的指导下的成功探索与积极实践。

但当前有一种观念，即将毛泽东思想与中国特色社会主义理论体系对立起来，只认为毛泽东思想是中国的马克思主义，而中国特色社会主义理论体系不是马克思主义，中国特色社会主义不是社会主义。这种观念看似忠实于毛泽东思想，但实际上并不符合毛泽东思想的精髓和活的灵魂，实际上是毛泽东一生所批判的教条主义思维在作怪。

不能因为中国特色社会主义实践在某些方面还不尽如人

意，与前人描述的或自己头脑中设想的社会主义的某些方面不一致，就否定它的社会主义性质。中国特色社会主义恰恰是“反对本本主义”的理论成果和实践成果，《反对本本主义》已经为中国特色社会主义做了哲学方法论的支撑。

第二章　何谓本本主义？

经典之所以能常读常新，往往源于它探讨的主题对之后社会的关照性，能够不断被重新激活。《反对本本主义》对错误的思想方法的分析和批判，必然包含对科学的思想方法的总结和归纳，在今天也不可能过时。我们首先需要立足文本、结合现实进行尝试性的回答，那么究竟什么是本本主义、教条主义、形式主义、官僚主义、经验主义、主观主义等，它们之间又有何种区别和联系。

一、本本主义就是教条主义

本本主义，是不考虑实际情况一味从书本或理论出发、从会议文件或上级指示出发的观念或言行。在写作《反对本本主义》的时候，中国共产党内还没有使用“教条主义”这一名称，其实本本主义就是教条主义。在之后的著作中，毛泽东基本上都是使用“教条主义”而不再使用“本本主义”。

以今天的眼光看，用“教条主义”确实比用“本本主义”更合适。“教条”本身具有一定的贬义性，“本本”是更偏于中性的词汇。讲反对本本主义，容易给人造成不重视文本的错觉，其实我们并不反对本本本身，反对的只是把本本变为教条，当作评判现实、开展工作的根本依据。

根据信奉的教条的不同，教条主义可以分为两种：一种是“唯书的教条主义”或“唯理论的教条主义”，即把马克思主义经典作家的某部著作、马克思主义的个别观点当成教条；另一种是“唯上的教条主义”或“唯指示的教条主义”，即把某个会议的文件或上级领导的讲话、指示当成教条。当时，这两种教条主义是重合的，所唯的“上”是共产国际决议、苏联经验、中国共产党第六次全国代表大会的各项决议，它们同时是以马克思主义的名义出现的。

这两种教条主义在今天应该做出明确的区分，唯书、唯理论的教条主义和唯上、唯指示的教条主义不是一回事，两者甚至还是截然对立的。后者可能不相信理论、思想、经典著作本身，不相信马克思主义理论能起到什么作用，搞不清楚为什么总是提要以马克思主义为指导；前者可能会不相信上级指示，不相信任何领导的讲话，甚至还会以不符合马克思主义来对党和国家领导人的讲话提出质疑，动不动就搬出马克思主义经典作家的某本书、某段话、某个观点。

这两种教条主义的共同点，就是把业已形成的理论或观点、指示或讲话作为第一位的东西，作为评判现实、解决问题的法宝，把客观现实作为第二位的东西，为了贯彻理论或指示可以不管客观实际，开口闭口“书上说了”“文件写了”，大事小事都问有没有出处、有没有依据，任何做法都力求与理论相符合、与文件相一致，不敢越雷池一步。

谁也不想成为或被人说成是教条主义者，但为什么教条主义总是难以根除？为什么总有人会成为教条主义者而不自知呢？我们需要明白教条主义出现的根源之所在。

“唯上的教条主义”之所以会出现，比较容易理解，是因为上级相对于下级本身具有优势地位，下级必须服从上级，上级的指示或领导的讲话必须加以贯彻。但是，在贯彻的时候，不从客观实际、自身情况出发，明知上级指示行不通也硬要推行，没有办法，没有能力，也不去想因时因地制宜，必然会走向教条主义。

“唯书的教条主义”出现，是源于对书本、理论的高度认同和信服。能成为这种教条主义者的不是一般人，都是对马克思主义有深刻认识和理解、有坚定信仰的人。他们认定马克思主义提供了对人类社会、中国社会的正确分析，只有坚持马克思主义才能认清社会现实，才能找到解决中国问题的答案。

这种认同和信仰本身没有错，而且恰恰说明了马克思主义理论本身所具有的魅力和力量。问题在于，在他们那里，是理论说了算，而不是现实说了算，是从理论出发而不是从现实出发，在客观实际和理论观点之间，他们选择的是理论。明明有更好的、更可行的方案，明明能迅速改变现实，可能会因为不符合理论而被放弃。如果有人没有按照理论讲的做，即使成功了，也会被其指责为对马克思主义的背叛。

教条主义错误，不是因为本本自身是错的，不是因为思想理论和领导指示本身是错的，而是因为不管不问这种理论、这个指示所适用的客观实际条件，“千篇一律地使用一种自以为不可改变的公式到处硬套”[①]。它不考虑具体的、个别的特殊情况，把普遍的东西直接应用在具体的事务中。它不考虑时间的问题，时代已经发生变化了，还用原来的理论、指示来指导工作和生活。

不考虑具体的实际，不考虑空间的差异、时间的变化，还将理论、指示推广运用，那就会硬生生地把好的理论或好的指示变成教条。这无疑就是教条主义出现的根源。

二、形式主义与教条主义有何异同?

教条主义与形式主义有着千丝万缕的联系。在《反对本本主义》中，毛泽东反对的还包括“形式主义”，他写道：“不根据实际情况进行讨论和审察，一味盲目执行，这种单纯建立在‘上级’观念上的形式主义的态度是很不对的。为什么党的策略路线总是不能深入群众，就是这种形式主义在那里作怪。”[②]从这段

① 《毛泽东选集》第 1 卷，人民出版社 1991 年版，第 311 页。
② 《毛泽东选集》第 1 卷，人民出版社 1991 年版，第 111 页。

话来看，形式主义是可以用教条主义来代替的，它其实就是“唯上的教条主义”。

不难理解，我们说教条地执行上级政策与形式地执行上级政策是同一个意思，都是指不懂得变通，不知道将一般性的指导与具体性的实际结合起来。当不顾实际情况教条化地执行上级指示的时候，就必然只是形式上的执行，就必然是形式主义。教条主义地执行上级指示，必然会带来形式主义的结果，形式主义因此又是教条主义的结果。也就是说，这种做法从过程来看是教条主义，从结果来看则是形式主义。

还有另一种形式主义，但与教条主义关系不大。也就是说，并不是所有的形式主义都是教条主义，两者有重合的地方，也有彼此不能涵盖的地方，否则，就不需要使用两个词，而只使用一个就行了。这种形式主义表现为在执行上级政策时表面上高度重视，大会上也不断强调，实际上则是雷声大、雨点小，光说不干，只嚷嚷不真干，说得好听不见行动，敷衍应付，蒙混过关。

根据主观态度的差别，我们可以把第一种形式主义称为“无意识的或非故意的形式主义”，犯这种错误的人并非主观上故意去做，反而从主观上是想要把上级指示贯彻好，他们自认为是上级命令的坚定执行者，并认为其做法是符合上级要求的正确做法，如此做能更好地解决问题，他们反倒把那些坚持从实际出发、根据实际工作需要制定工作任务的人看成离经叛道者。

第二种形式主义可以称为“恶意或有意的形式主义”，是明明知道所做的事情起不到什么作用还去做，并不是不知道是非对错，而是心知肚明、明知故犯。这两种形式的形式主义虽然主观动机与表现形式有所不同，但最终的结局是一样的，那就是看似在执行、贯彻上级指示，但只是形式地执行，不是实质性地执行，更谈不上有效果地执行。习近平曾明确指出：“在形式主义方面，主要是知行不一、不求实效，文山会海、花拳绣腿，贪图虚名、弄虚作假。”①

针对不同形式的形式主义错误，采取的应对方式应该有所不同，无意识的形式主义归根到底是一种思维方式的错误，一种错误的思维方式导致的一种错误的工作方式，可以通过说服教育，通过工作指导来解决。而对于那种恶意或有意的形式主义，则要通过依法依规依纪严厉打击的方式来解决。习近平也提出了反对形式主义的方法：“反对形式主义，要着重解决工作不实的问题，教育引导党员、干部改进学风文风会风，改进工作作风，在大是大非面前敢于担当、敢于坚持原则，真正把心思用在干事业上，把功夫下到察实情、出实招、办实事、求实效上。”②

但要理解的是，“形式”不等于“形式主义”，任何事物都是形式和内容的统一，干任何一件事情，既要有实实在在的

① 习近平：《习近平谈治国理政》第 1 卷，外文出版社 2018 年版，第 368 页。
② 习近平：《习近平谈治国理政》第 1 卷，外文出版社 2018 年版，第 374 页。

内容、目标，还得借助于一定的形式、方式来呈现。

内容再好，没有好的形式，注定难以成事。但是，形式要服务于内容、服务于目标，只讲形式，没有实实在在的内容，也没有明确的目标，那就会沦为形式主义。而用一定的形式、方式、手段将实在的内容表达出来，并借助于硬性的保障措施使其产生实效，就不是形式主义，反而是做事情、干事业的正确方式。

搞理论学习是一种形式，党的思想、理论是实实在在的内容，增强党员意识、提升理论素养、加强党的领导是明确的目标。只要有实实在在的思想理论，有明确的目标导向，不断强化推进，并配合着全面从严治党、高压反腐、严格监管等硬举措，那就必然能取得实效。

我们不能因为现实不尽如人意，就不要形式，看到政治理论学习没有走向深入、没有达到目标，就以形式主义的名义将其取消。当然，我们也得防止只讲学习、只讲教育，而没有与之配套的硬招、实招，或者说硬招、实招不够，从而把理论学习变为形式主义这种情况的出现。

三、官僚主义：脱离群众的形式主义

形式主义往往伴随着官僚主义。虽然《反对本本主义》没有明确讲到“官僚主义”的问题，但我们会发现毛泽东所批判的那些不搞调查就乱说一气、瞎指挥的做法就是官僚主义。

在1933年写作的《必须注意经济工作》中，毛泽东在谈动员群众的方式时，指出："要把官僚主义方式这个极坏的家伙抛到粪缸里去。"[①]在当时的他看来，官僚主义有两种表现：一种是不理不睬或敷衍塞责的怠工；另一种是命令主义，直接命令，蛮横指派任务。

官僚主义基本上可以从对上、对下的态度上进行总结。对上，认同的是官大一级压死人，人家官大，我就必须服从、依附、溜须拍马，必须想尽一切办法投其所好。上级说的话不管对错都表示认同，至于贯彻得好不好那是另外一回事，其结果往往是对待上级部署囫囵吞枣、断章取义、敷衍塞责、推诿扯皮、得过且过。

对下则完全是另一种面容，把自己凌驾于下级之上，喜欢拍脑袋决策、拍胸脯表态，一切都要自己说了算，认定比人家官大我就可以随便发号命令，就可以说了算，就可以对的是对的，错的也是对的，因此必然会走向官气十足、唯我独尊、自我膨胀、滥用权力、压制民主、专横跋扈、徇私行贿、贪赃枉法等的结局。

如此对上、对下的官僚主义，必然会漠视现实、脱离实际、脱离群众，开展工作必然会奉行教条主义，把上级指示当令箭，当挡箭牌，盲目推行；也必然是形式主义，照本宣科、等因奉

① 《毛泽东选集》第1卷，人民出版社1991年版，第124页。

此，或者照猫画虎、生搬硬套，很难真正地贯彻执行。往往是只说不做，多说少做，说得好听，不办实事，以前怎么做自己就怎么做，别人怎么做自己就怎么做。

官僚主义可以说是另一种形式的形式主义，它是领导干部专属的形式主义，是脱离群众的形式主义。“在官僚主义方面，主要是脱离实际、脱离群众，高高在上、漠视现实，唯我独尊、自我膨胀。”[①]形式主义不一定就是官僚主义，但脱离群众的形式主义就一定是官僚主义。脱离群众是官僚主义的特质或者说本质特征。反过来说，领导干部搞形式主义，也必然会导致官僚主义。

正如邓小平所指出的，“形式主义也是官僚主义”[②]。领导干部一旦犯了教条主义或形式主义错误，就一定会因脱离实际做出错误的决策、喊出空洞的口号、采取无效的办法，从而陷入水土不服、政策无法落地的窘况。而为了保证政策贯彻落实，一些领导干部就会采取命令主义的强制方式，犯严重的官僚主义错误。

相对于教条主义和形式主义，官僚主义的危害更为直接，影响更大、更深，解决起来也更难，它是官僚制、科层制、上下级制度的产物。解决官僚主义，必须从制度着手，也要从教育和思想作风方面下手。

---

① 习近平：《习近平谈治国理政》第 1 卷，外文出版社 2018 年版，第 369 页。

② 《邓小平文选》第 3 卷，人民出版社 1993 年版，第 381 页。

从根本上说，官僚主义是脱离群众的形式主义，而群众路线的切实践行是真正解决官僚主义的良药。官僚主义是群众路线的大敌，反过来群众路线也一定是根除官僚主义的路线。“反对官僚主义，要着重解决在人民群众利益上不维护、不作为的问题，教育引导党员、干部深入实际、深入基层、深入群众，坚持民主集中制，虚心向群众学习，真心对群众负责，热心为群众服务，诚心接受群众监督，坚决整治消极应付、推诿扯皮、侵害群众利益的问题。”[①]

① 习近平：《习近平谈治国理政》第1卷，外文出版社2018年版，第374页。

第三章　与本本主义相对的“另一极”

并不是反对本本主义或教条主义，就会形成正确的思想方法，因为反对教条主义，可能会走向另一极端：一个是不相信任何本本、不读任何本本的事务主义、经验主义；另一个是还在讲本本但已经是完全背离本本的修正主义。毛泽东在《反对本本主义》中并没有提出对这两种“主义”的批判，但我们要认清教条主义，就需要与“另一极”的两个“主义”进行对比分析。

一、把经验变成教条的经验主义

经验主义者，顾名思义，即看重自己积累的经验，而且不是一般地看重，是非常看重，把经验作为认识新人、新事、新环境的重要手段，甚至是唯一值得信赖的手段。

经验主义者往往是那些在一定的工作岗位积累了丰富经验的人。干了那么多年，积累了那么丰富的经验，难道不应该看重吗？不应该最大限度地发挥它的作用吗？

当然应该！谁也不会否认经验的价值，我们否认的是只相信经验而不相信还有其他方式和手段，否认的是把自己的经验绝对化、固定化，只觉得自己的经验正确而其他人的经验不靠谱，面对已经发展变化的环境还始终凭曾经积累的经验开展工作。

一些人积累了一些经验，就开始刚愎自用，自认为已经完全认清了世界，把握了规律，有时还兴奋地发出“这世界我早就看透了”的“豪言壮语”。世界这么大，怎么可能能看透？而且，世界是不断变化的，即使以前看透了不代表现在、以后还能看透。到头来，并不是看透了世界，而是用自己的经验代替了世界。本来，经验是我们认识世界的方式，却替代了世界本身，这就是经验主义。

经验主义者事事都从经验中找答案，不相信书，不相信理论，更有甚者把读书人看作“书呆子”，觉得“百无一用是书生”，因而完全抛弃了本本。这与教条主义相反，教条主义者是把书读“死”了，钻得进去但走不出来，把好端端的书读成了教条，习惯于事事从“本本”中找答案。经验主义者是根本不曾读进去书，但它也有自己的“教条”，那就是自己的经验。从这层意义上说，经验主义也是一种形式的教条主义，是把经验当成教条的教条主义。

基于所依赖的经验的不同，经验主义可以分为两种：一般的经验主义，其所相信的经验，有自己所积累起来的经验，也有周围的人所积累起来的经验；狭隘的经验主义，其所相信的只是自己的感觉和经验，对其他人的经验则保持怀疑，批判否定。

这种狭隘的经验主义更可怕，忘记了人不能事事靠直接经验，多数知识要靠间接经验来获取。知识是人创造的，本没有直接与间接的严格区分，主要看相对于谁来说。我的直接经验对你来说就是间接经验，反之，你的直接经验对我来说就是间接经验。我从别人那里学来间接经验然后进行再实践，并在我的实践中得到验证或补充、纠正，这种间接经验又可以变成我的直接经验。

狭隘的经验主义者割裂了直接经验和间接经验的这种关联，因而很容易成为刚愎自用、自以为是的人。

只要是经验主义，就具有共同之处，那就是没有看到感觉、经验上升到理性认识、理论的必要性。在《实践论》中，毛泽东指出了“经验论”的错误，批评了“庸俗的事务主义家”，他们“以为认识可以停顿在低级的感性阶段，以为只有感性认识可靠，而理性认识是靠不住的……他们尊重经验而看轻理论，因而不能通观客观过程的全体，缺乏明确的方针，没有远大的前途，沾沾自喜于一得之功和一孔之见”①。可以说，这段话已经完全抓住了经验主义的问题之所在。

教条主义与经验主义在哲学传统上正好对应于“唯理论”和“经验论”。唯理论者只承认理性的实在性，以为只有理性靠得住，忘记了理性的东西之所以靠得住，正是由于它来自感性；经验论者否定认识的深化，忘记了“感觉到了的东西，我

① 《毛泽东选集》第1卷，人民出版社1991年版，第291页。

们不能立刻理解它，只有理解了的东西才更深刻地感觉它。感觉只解决现象问题，理论才解决本质问题”①。两者都是将理论与实践、理性与感性割裂开来，前者过度强调理性认识，后者过度强调感性认识，所以他们的知识都不能达到科学的水平。

正如反对教条主义不是反对本本、理论本身一样，反对经验主义也不是否定经验的重要性，以及否认直接经验和间接经验的价值。反对经验主义，反对的是止步于经验，不去实现感性认识向理性认识的升华，实现具体事务向一般理论的转化。

经验是我们在认识社会、改造社会中积累下来的宝贵财富，丰富的经验是我们成长成熟的标志，不应成为我们进一步成长成熟的阻碍。我们既要学习间接经验，善于把别人的经验转化为直接经验，又要善于把实践经验提升到理论的层面，做到理论与实践的有机结合。

二、也攻击教条主义的修正主义

修正主义是与教条主义相对立而存在的。与教条主义固守书本上的条条框框相反，修正主义恰恰是抛弃了经典理论中最核心、最基础、最有价值的那部分内容，对马克思主义的基本立场、基本观点和基本方法做了彻底的“修正”。正如毛泽东所说：“修正主义者，右倾机会主义者，口头上也挂着马克思

① 《毛泽东选集》第 1 卷，人民出版社 1991 年版，第 286 页。

主义，他们也在那里攻击‘教条主义’。但是他们所攻击的正是马克思主义的最根本的东西。”[①]

修正主义与教条主义相对立而存在，但是有一点是一致的，那就是它们都认为自己是忠实于马克思主义的，都把自己打扮成一副真正的马克思主义的模样。

树立科学的马克思主义观，面临着一“左”一右两个对手，一个是教条主义，另一个是修正主义。如果说教条主义者脱离实际、脱离实践、脱离时代，这种错误还较为容易察觉的话，那么修正主义则强调根据时代背景发展马克思主义，可以说是一种“高仿真”的伪马克思主义，并没那么容易辨识。

对于修正主义，列宁曾深刻分析过其产生的客观根源：“正因为马克思主义不是教条，不是什么一成不变的学说，而是活的行动指南，所以它就不能不反映社会生活条件的异常剧烈的变化。这种变化的反映就是深刻的瓦解、混乱、各种各样的动摇……在社会生活各方面‘重新估计一切价值’，结果就引起了对马克思主义的最抽象和最一般的哲学基本原理的‘修正’。”[②]

也就是说，修正主义是伴随着对马克思主义的发展出现的，只不过它是一种过度的发展，是背离马克思主义基本精神的过度发展。

修正主义者往往在发展马克思主义的名义改变马克思主

① 《毛泽东文集》第 7 卷，人民出版社 1999 年版，第 233 页。
② 《列宁专题文集·论马克思主义》，人民出版社 2009 年版，第 160—161 页。

义的科学基础，就像是把苹果枝嫁接到梨树上一样，把马克思主义嫁接到其他的思想体系上，表面来看花式百出，实际上则是乱象丛生，生长出来的都是似是而非的“四不像”。

但恰恰是这些“四不像”非常容易迷惑世人的眼睛，营造出一种马克思主义与时俱进的繁荣假象。正因为如此，批判修正主义，反对修正主义，就容易被批判为保守僵化，固守马克思主义的教条。久而久之好像“修正主义”这个词，本身也变成了一个褒义词，反对修正主义倒有问题了，连讲反对修正主义都不敢理直气壮了。

在今天理直气壮地讲反对修正主义，没有任何问题，不能在发展马克思主义的名义下，任意地进行剪裁，把马克思主义变成可以随意重新解读、任意增加内容、为我所用的理论。

我们一直强调的是——在继承中创新，在创新中发展。只强调创新和发展，忽视了继承；或是只强调与时俱进，忽视了实事求是，最终都是背离马克思主义。需要继承的不是别的，正是马克思主义最基本的立场、观点和方法，它们是马克思主义理论体系中最宝贵、最值得珍惜的精神财富，是正确的、科学的、已经被实践反复证明是行之有效的东西，这些是不能“修正”的，背离这些东西的发展就是修正主义。

但我们也要注意，在反对修正主义的时候，不能阻碍马克思主义的发展，在“防修”和“反修”的压力下导致对马克思主义的教条化。如果盲目套用修正主义，那无疑就会制约马克思主义理论的发展，就会把马克思主义变成不能更改、不能有任何改变的教条主义，就会无法推进中国社会的进步。

历史已有教训，毛泽东在 1957 年提出反对修正主义后，渐渐确立了既要批判教条主义也要注意批判修正主义的观念，还提出了“修正主义是比教条主义更有害的东西”[①]。对修正主义的批判，对“防修”和“反修”的过度强调，其实是弱化了对教条主义错误的批判，在一定程度上助长了“文化大革命”时期教条主义的错误。

根据国情、时代变化发展马克思主义所做出的努力，不能否定，我们不能把任何的“修正”都说成是修正主义，否则就会给人扣上修正主义的帽子。马克思主义需要与时俱进，必须随着时代的变化而发展，没有创新和发展，就没有马克思主义。

发展马克思主义不代表就是修正主义，在今天要避免一种错误的观念，就是把改革开放确立的社会主义市场经济看作修正主义进行批判，把改革开放探索出来的中国特色社会主义道路看作修正主义道路。检验是修正主义还是发展马克思主义，关键还是要看实践，要看总体上是否推进社会进步。

① 《毛泽东文集》第 7 卷，人民出版社 1999 年版，第 281—282 页。

第四章　同属于“主观主义”的其他“主义”

教条主义与经验主义，看似是处于两个极端的、相互对立的思想方法，但都属于同一阵营，那就是“主观主义”。毛泽东把主观主义看作马克思主义的对立面，对包括教条主义在内的主观主义的批判，构成他在不同时期一以贯之的主线。在今天，全方位梳理主观主义的各种表现形式，搞清楚主观主义产生的根源，最大程度避免主观主义的错误，依然是马克思主义理论研究领域的重要课题。

一、主观主义的众多表现形式

“主观主义”一词出现在毛泽东的著作中，比“本本主义”或“教条主义”还要早。在1929年的《关于纠正党内的错误思想》一文中，毛泽东就曾指出，主观主义在某些党员中浓厚地存在，“对于政治形势的主观主义的分析和对于工作的主观主义的指导，其必然的结果，不是机会主义，就是盲动主义”[①]。

---

① 《毛泽东选集》第1卷，人民出版社1991年版，第91页。

在《反对本本主义》中，“主观主义”一词并没有出现，但毛泽东提到的“纯主观地‘瞎说一顿’”，“成天地闭着眼睛在那里瞎说”，“喜欢一到就宣布政见，看到一点表面，一个枝节，就指手画脚地说这也不对，那也错误”[①]，这些不是教条主义、形式主义所能涵盖的，实际上就是主观主义。

他还写道，离开实际调查去估量政治形势，去指导斗争工作，就要产生唯心的阶级估量和唯心的工作指导，它的结果不是机会主义便是盲动主义。唯心的阶级估量和唯心的工作指导，实际上就是主观主义的分析和主观主义的指导。

在毛泽东看来，主观主义是不正派的学风、文风、作风、党风，是错误的思想方法、工作方法、领导方法。它是一个蕴含众多内容的“主义”，最基本的就是教条主义和经验主义。除此之外，在不同文本中，被毛泽东划入主观主义阵营的还有冒险主义、机会主义、关门主义、宗派主义、党八股等。

冒险主义也被称为盲动主义，根本上是思想超前于实际，不恰当地夸大了革命的主观力量，看小了反革命力量，在不到决战的时机，没有决战的力量时，就冒冒失失地主张决战。“他们的思想超过客观过程的一定发展阶段，有些把幻想看作真理，有些则把仅在将来有现实可能性的理想，勉强地放在现时来做，离开了当前大多数人的实践，离开了当前的现实性，在行动上

① 《毛泽东选集》第1卷，人民出版社1991年版，第109—110页。

表现为冒险主义。”[①]毛泽东有时也称之为“‘左’翼空谈主义”或“左”倾机会主义。

与冒险主义相反，机会主义则是低估了革命的力量，高估了反革命的力量，从而把革命领导权拱手相让，渴望别人能够担负起革命的重任。机会主义者的思想是落后于实际的，没有随着变化了的客观情况而发展，认识依然停留在旧阶段，“他们不能站在社会车轮的前头充任向导的工作，他们只知跟在车子后面怨恨车子走得太快了，企图把它向后拉，开倒车”[②]。

冒险主义和机会主义，一个是急躁冒进，一个是妥协保守。这两种倾向在看待抗战问题时，表现为“亡国论”和“速胜论”。在《论持久战》中，毛泽东指出两种论调错误的根源在于，其看问题的方法都是主观的和片面的。“亡国论”和“速胜论”可以说是主观主义在抗战问题上的具体体现。

在《论反对日本帝国主义的策略》一文中，毛泽东还曾批判过一种叫作“关门主义”的主观主义。这种“关门主义”反对搞统一战线，强调要保证革命力量的纯粹性，永恒地设定“民族资产阶级是全部永世反革命了。对于富农，是一步也退让不得……哪有猫儿不吃油，哪有军阀不是反革命？知识分子只有三天的革命性，招收他们是危险的。因此，结论：关门主义是唯一的法宝，统一战线是机会主义的策略”[③]。关门主义也是

① 《毛泽东选集》第1卷，人民出版社1991年版，第295页。
② 《毛泽东选集》第1卷，人民出版社1991年版，第295页。
③ 《毛泽东选集》第1卷，人民出版社1991年版，第154—155页。

一种主观主义思维，没有看到革命和反革命的阵线是变动的，是主观主义思维带来的革命战争策略的“幼稚病”。

在《整顿党的作风》一文中，毛泽东又提到了另外两种“主观主义”：一种是宗派主义，“宗派主义是主观主义在组织关系上的一种表现”①，它有对内的宗派主义和对外的宗派主义之分，对内的宗派主义倾向在党的内部产生排内性，对外的宗派主义是对党外人员产生排外性。

另一种是文风上的党八股。党八股死板、呆板、拘泥于形式，有“八大罪状”：空话连篇，言之无物；装腔作势，借以吓人；无的放矢，不看对象；语言无味，像个瘪三；甲乙丙丁，开中药铺；不负责任，到处害人；流毒全党，妨害革命；传播出去，祸国殃民。

党八股是“主观主义和宗派主义的一种表现形式”②，是主观主义、宗派主义在文风上的体现，这种形式容易使革命精神窒息，必须采取生动活泼的、新鲜有力的马克思主义的文风。

二、主观主义的病根在哪里？

是人，都有可能犯主观主义错误。因为我们每个人在看待社会问题时，都必然会从自己的主观出发，受到感觉、经验、理性、

① 《毛泽东选集》第 3 卷，人民出版社 1991 年版，第 825 页。
② 《毛泽东选集》第 3 卷，人民出版社 1991 年版，第 827 页。

理想、信仰、愿望，也包括我们已经接受的思想、理论、书本的影响。

从主观出发不代表就是主观主义者，我们如果掌握了客观实际，努力做到主观和实际情况相结合，那就是正确的方法，就不会成为主观主义者。所以，主观主义问题的根源在于，不是从主观出发，而是从主观出发的时候，没有和客观相结合，主观的指导和客观的实在情况不相符合。

主观主义的错误，首先是观念或意识问题，过分夸大主体的能动作用，单纯从主观愿望、理想出发，不顾客观实际，那必然会带来主观主义；其次是能力的问题，即虽然意识到要与客观实际相结合，但没有能力认清客观实际，只看到片面、表象的客观，也可能会带来主观主义；最后是方法的问题，毛泽东指出："中国的教条主义和经验主义的同志们所以犯错误，就是因为他们看事物的方法是主观的、片面的和表面的。片面性、表面性也是主观性，因为一切客观事物本来是互相联系的和具有内部规律的，人们不去如实地反映这些情况，而只是片面地或表面地去看它们，不认识事物的互相联系，不认识事物的内部规律，所以这种方法是主观主义的。"①

就哲学的根源来看，主观主义是主观唯心主义的体现，是唯心主义在现实生活中的具体体现。只不过主观主义是思想方法和工作方法，唯心主义是哲学理论，更加体系化、系统化。

① 《毛泽东选集》第 1 卷，人民出版社 1991 年版，第 313—314 页。

主观主义必然会带来唯心主义，它为理论形态的唯心主义哲学形成提供了前提。而且，如果没有反唯心主义的理论自觉，肯定就会犯主观主义的错误。

主观主义是不能与唯心主义画等号的，它还是方法论上的形而上学的体现。传统理解，唯心主义与唯物主义相对，是世界观的问题；形而上学与辩证法相对，是方法论的问题。缺少的一环恰恰是唯心主义与形而上学本身的关系。

毛泽东在《矛盾论》的第一部分讲到两种宇宙观：一种是辩证法，另一种是形而上学。他认为，作为辩证法对立面的形而上学，在中国和欧洲很长的历史时期内属于“唯心论的宇宙观”，在近代以来则增加了机械唯物论或庸俗的进化论。也就是说，形而上学是包含唯心主义的。唯心论一定是形而上学的，它以孤立的、静止的和片面的观点看世界，是只看到主观而看不到客观的形而上学。

主观主义不仅是唯心主义的世界观，也是形而上学的方法论，或者说是集唯心主义世界观和形而上学方法论于一体的，这是主观主义的病根。

三、走出主观主义的窠臼

反对主观主义，首先要看清楚属于何种形式的主观主义。虽然都是主观主义，但不同形式的主观主义，其根源是不一样的，必须找准病根，对症下药。

解决教条主义问题，就是要从书本中走出来，去参加实际工作、接触实际；解决经验主义问题，就是要加强理论学习，用理论来指导实践；解决形式主义问题，就是要让形式里面的内容更好凸显；解决官僚主义问题，就是要从解决制度着手；等等。

教条主义和经验主义是可以通过相互结合的方式来彼此克服的。毛泽东说："有两种不完全的知识，一种是现成书本上的知识，一种是偏于感性和局部的知识，这二者都有片面性。只有使二者互相结合，才会产生好的比较完全的知识。"[①]使二者相结合并不是指把经验主义与教条主义相结合，负负可以得正，错误思想加错误思想得不出正确思想。这种结合是感性经验与理性认识的结合、理论与实践的结合。

理由在于教条主义和经验主义，分别代表的是两种不完全的知识，前者拥有的是书本上的知识，后者拥有的是偏于感性和局部的知识，只有将二者相结合，才能产生比较完全的知识。

两种人可以向各自缺乏的方面发展，实现互相结合。"有书本知识的人向实际方面发展，然后才可以不停止在书本上，才可以不犯教条主义的错误。有工作经验的人，要向理论方面学习，要认真读书，然后才可以使经验带上条理性、综合性、上升成为理论，然后才可以不把局部经验误认为即是普遍真理，

① 《毛泽东选集》第3卷，人民出版社1991年版，第818页。

才可不犯经验主义的错误。”①

反对主观主义不是要走向客观主义。与主观主义相对的不是客观主义，客观主义也是片面性的形而上学，那种强调经济决定论，什么都要遵循所谓的客观规律而不去发挥主体能动作用、积极探索、找出新路的做法也是主观主义。

正是在反对主观主义中，毛泽东得出了正确的方法，即追求主观和客观、知和行、理论和实践的具体的历史的统一。它必须坚持的是唯物主义，是辩证法，是一切从实际出发。一切从实际出发不是客观主义，不是什么都要交给“实际”，一切从实际出发的主语是我们人自己，它本身包含着我们的主观要从客观实际出发，主观和客观相结合。

反对主观主义，从《反对本本主义》及其他著作中，我们可以得出如下启示：要处理好马克思主义理论与具体实践相结合的问题，这要求树立科学的马克思主义观；要处理好上级指示和下级工作的问题，这要求坚持一般和个别、领导和群众相结合的原则，掌握科学的领导方法；要坚持调查研究，真正掌握调查研究的方法；要坚持做到实事求是，立足实践、根据客观规律指导我们的工作和生活。

① 《毛泽东选集》第 3 卷，人民出版社 1991 年版，第 818—819 页。

第五章　科学的马克思主义观的树立

反对本本主义或教条主义，直接关涉的是如何学习马克思主义的问题，是处理好马克思主义理论与实践相结合的问题。我们有必要进行深度思考：什么才是对待马克思主义经典文本的正确态度，什么才是学习和践行马克思主义的科学方法，如何防止名义上讲马克思主义实际上却背离了马克思主义的基本精神。《反对本本主义》给我们提供了很好的启迪，对于我们树立科学的马克思主义观，正确运用马克思主义立场、观点和方法有重要价值。

一、警惕新版本的“本本主义”

在有些人看来，今天需要强调的是读经典、学原文、悟原理，而不是去反对本本主义。言外之意，反对本本主义已经没有现实意义了。其实不然。我们要看到新版本的本本主义的出现，理论的教条主义已经有了新的表现形式。

第一，研究马克思主义，不是追求学以致用，而是为了追求文字游戏，追求文本解读、比较分析、思辨推理，认为这才是学问。一旦针对中国实际问题写文章，就会以“现实复杂注定说不清楚”“这不是学术”为借口加以批评，在所谓的学术、学问的追求下将马克思主义封闭在一个很小的圈子里。

第二，言必称马克思、恩格斯，不管所探讨的话题、发表的演讲、写作的文章是什么方面的，总得扒出来马克思的一句话，才认为有说服力，才觉得是马克思主义的立场、观点和方法，而只要是马克思、恩格斯的著作中有的，都不加质疑地认为是对的，都理所当然地作为自己观点的依据。

第三，认为只有喊阶级斗争、革命口号、批判资本家才是真正马克思主义的，只有主张消灭私有财产、实行完全公有制才是马克思主义的，而中国特色社会主义、社会主义市场经济都是对马克思主义的背离，甚至改革开放以来的中国特色社会主义实践也不是在马克思主义指导下进行的，也不是社会主义的。

第四，认定马克思主义就是马克思、恩格斯的思想，只有毛泽东思想才是唯一的中国马克思主义，否定毛泽东思想与中国特色社会主义理论体系之间的继承发展关系，甚至认为中国特色社会主义理论体系不是马克思主义的，只因它与经典作家的某些主张是不一致的。

这些观念不就是当时毛泽东所批判的“理论上的本本主义”吗？不就是毛泽东所批判的把马克思主义教条化的错误方法吗？不同的是，当时批判的教条主义者只是极少数的党内高级领导干部，而现在这些观念却在为数不少的人的头脑里存在。

不以时代背景为依据，而以理论、文本为依据，用某段话来评判现实，用某个文本来指导行动，不认同实践是检验真理的标准，而认同经典论述是检验真理的标准，这不是教条主义又是什么呢？

只强调某个文本、某些观点、个别论断而无视客观现实的马克思主义不是真正的马克思主义。正如毛泽东所指出的："马克思主义的'本本'是要学习的，但是必须同我国的实际情况相结合。我们需要'本本'，但是一定要纠正脱离实际情况的本本主义。"①

针对不顾实际情况而只研究理论或只凭主观做事的人，他还专门"指名道姓"地进行了批判："许多人是做研究工作的，但是他们对于研究今天的中国和昨天的中国一概无兴趣，只把兴趣放在脱离实际的空洞的'理论'研究上。许多人是做实际工作的，他们也不注意客观情况的研究，往往单凭热情，把感情当政策。这两种人都凭主观，忽视客观实际事物的存在。"②

对马克思主义经典作家的真正尊重，其实并不在于还原他们的每个观点，并论证这些观点在今天都是正确的，"只会片面地引用马克思、恩格斯、列宁、斯大林的个别词句，而不会运用他们的立场、观点和方法，来具体地研究中国的现状和中国的历史，具体地分析中国革命问题和解决中国革命问题。这

① 《毛泽东选集》第 1 卷，人民出版社 1991 年版，第 111—112 页。
② 《毛泽东选集》第 3 卷，人民出版社 1991 年版，第 799—800 页。

种对待马克思列宁主义的态度是非常有害的”[①]。重要的是解决问题，不是为了让现实社会证明个别词句的正确性，拿经典文本的个别观点来武断地评判中国社会现实、否定中国社会现实，不会有利于中国社会进步，只会给中国社会发展带来妨碍。习近平总书记指出，科学对待马克思主义的方法应该是：“要立足我国实际，以我们正在做的事情为中心，聆听人民心声，回应现实需要，深入总结中国特色社会主义实践，更好实现马克思主义基本原理同当代中国具体实际相结合，同时也要放宽视野，吸收人类文明一切有益成果，不断创新和发展马克思主义。”[②]

把马克思主义当成固定的静态化的理论体系，而不是当成发展的理论体系，这本身也是教条主义的态度。被称为马克思主义的学说，绝不只是马克思、恩格斯的理论，它经过长期的发展过程，凝聚了众多人的理论贡献。中国的马克思主义者将这一学说发扬光大，并且根据中国革命、建设、改革进程中的实践丰富了这一理论。

只认同马克思、恩格斯、列宁的理论是马克思主义的，而否定其他马克思主义者如毛泽东、邓小平的理论是马克思主义的；将马克思、恩格斯的马克思主义与中国马克思主义的理论对立起来，将毛泽东思想与中国特色社会主义理论体系对立起来，这不是正确地对待马克思主义的态度。

---

① 《毛泽东选集》第 3 卷，人民出版社 1991 年版，第 797 页。

② 习近平：《习近平谈治国理政》第 2 卷，外文出版社 2017 年版，第 66 页。

坚持马克思主义，不是盲目地坚持马克思主义的全部理论，而是坚持其基本原理、基本理论、基本判断、基本结论、基本立场、基本观点、基本方法，其中“基本”是关键，与我们生活的时代对接是前提。对经典著作中针对特定历史条件、具体情况做出的某些个别论断和具体行动纲领，应该具体问题具体分析。

不考虑时空的变化、时代背景的变化，必然会陷入本本主义中。这种做法看似忠实于马克思主义，实际上则是背离马克思主义，最终只会让马克思主义无法被接受，无法发挥推动社会发展进步的作用。

二、反本本主义不等于反本本

反对本本主义、教条主义，并不是反对本本，不是反对马克思主义理论本身。不能在反对本本主义的时候，不要本本，不学经典著作。不要以为读了毛泽东的《反对本本主义》，就为自己不去读马克思主义经典著作找到了正当性。

有些人的想法恰恰是，在今天马克思主义已经过时了，既然我们反对本本主义，既然马克思主义会产生教条主义，我们不要马克思主义不就行了吗？为什么还要打着马克思主义的旗帜？

他们习惯于大谈特谈，马克思主义这个地方错了，那个观点错了，好像自己是多么厉害的理论高手，经过多么缜密的理论思考，实际上可能一本马克思主义经典著作都没有读过！

还有党员干部对马克思主义没有什么兴趣，认为安心工作做好业务，在自己的岗位上踏实勤干就行了，总觉得马克思主义是虚的、空的，是与生活不相干的空话套话，他们平时并不注重读书、读文章、学理论，而是把理论学习当成形式进行形式主义的对待，信奉“理论学习有什么用又不能当饭吃”的观念，还给自己找到“理论是灰色的而生活之树常青”的借口。

理论是包含着规律性、本质性、普遍性的大道理，党员干部应该坚信理论的力量，应该重视理论学习，养成读书读文章的习惯，自觉运用理论来指导自己的工作，让自己成为“理论人”乃至“理论家”。

马克思主义是共产党人的看家本领。以马克思主义为指导思想的政党，学习马克思主义是天经地义的事情。不学习马克思主义，还算什么马克思主义政党。对马克思主义经典著作不屑一顾，不学习马克思主义，注定是不合格的共产党员。没有本，无本可依，何谈坚持马克思主义，何谈自己是马克思主义者。

不读经典的人，确实不可能成为理论的本本主义者，但也注定是没有理论素养和水平、没有长远眼光的事务主义者。

连本本都不学习的人，是没有资格讲反本本主义的。那些不认同马克思主义、不读马克思主义、以为马克思主义无用的人，有时候需要反过来想想：能够成为本本主义的人不是一般人，他们都是对马克思主义深信不疑的人；他们所信奉的理论，即马克思主义本身也必然不是一般的理论，因为只有一套厚重的、具有预见性的理论，才值得人们深信不疑，才会让一些人陷入本本主义中。

坚持马克思主义，还是要学习马克思主义的“本本”，原原本本学习经典著作。习近平曾多次强调领导干部要原原本本学习和研读经典著作，并指出：“共产党人要把读马克思主义经典、悟马克思主义原理当作一种生活习惯、当作一种精神追求，用经典涵养正气、淬炼思想、升华境界、指导实践。”[①]

经典著作是立场、观点、方法的载体，把握基本原理、学习科学方法必须与读经典著作相结合。只有在阅读经典著作中，才能感受到马克思主义理论的深刻，才会见证思想的力量。

三、对马克思主义的最好坚持是发展

经过长期探索，中国共产党人形成了正确地看待马克思主义的科学方法，这个方法首先体现在 1938 年毛泽东提出的“马克思主义中国化”这个命题上。

马克思主义中国化不是一个随随便便提出来的命题，不是纯粹进行理论研究、理论推演所能提出来的，而是经过血的教训、经过艰辛探索总结出来的宝贵经验。

---

① 习近平：《在纪念马克思诞辰 200 周年大会上的讲话》，人民出版社 2018 年版，第 26 页。

这个命题一方面批判了不要马克思主义、不要理论指导而只根据中国国情、工作实际工作的经验主义、事务主义，强调中国不能没有马克思主义，中国共产党人必须始终坚持以马克思主义为指导思想；另一方面又批判了对待马克思主义的教条主义的态度，强调必须与中国实际相结合，打造具有中国特色、中国气派、中国风格的马克思主义。

要记住的是，马克思主义之所以能改变中国，不仅是因为其理论本身的真理性、科学性，还在于中国共产党人根据中国国情、根据不同的实践进行了中国化的阐释和丰富，找到了适合中国的道路。历史证明，僵化教条地照搬马克思主义，只会以失败告终。只有立足实际并推动社会发展进程、在实践中不断丰富的马克思主义，才是真正的马克思主义，才是对待马克思主义的正确态度。

在今天科学地对待马克思主义，首先就要把坚持马克思主义与发展马克思主义相结合。我们把马克思主义作为指导思想、思想基础、精神旗帜、行动指南，要雷打不动，不因一时的现实与理论不一致、与某个观点不一致，就不相信马克思主义。

但也要明确，马克思主义的生命力在于结合实际与时俱进地发展。只讲坚持不讲发展，把任何的发展，把任何与马克思、恩格斯所设想的不一样的做法都看作背离、背叛，在理论上有问题，在实践中有害。学习和实践马克思主义，不能因循守旧、固守传统，要紧跟时代的变化不断丰富和发展理论本身，让理论显示出时代的特征，展示出超越时代的穿透力。

坚持马克思主义和发展马克思主义相结合，就是要做到理论和实践相结合。毛泽东对“真正的理论”和“真正的理论家”的界定，值得研究马克思主义的人深刻领会。

“真正的理论在世界上只有一种，就是从客观实际抽出来又在客观实际中得到了证明的理论，没有任何别的东西可以称得起我们所讲的理论”[①]，“我们所要的理论家是什么样的人呢？是要这样的理论家,他们能够依据马克思列宁主义的立场、观点和方法，正确地解释历史中和革命中所发生的实际问题，能够在中国的经济、政治、军事、文化种种问题上给予科学的解释，给予理论的说明”[②]。

真正的理论家是能用马克思主义科学分析中国实际问题、找出它的发展规律、解决实际问题的理论家。只能背诵马克思主义书本上的个别的结论和个别的原理，只能背诵马克思主义的经济学或哲学文本，这不是马克思主义的理论家。

实现理论与实践的有机结合，就是要随着实践的发展不断丰富和发展理论，用发展着的理论来指导实践、助推实践。这种结合一方面要求实践第一，始终坚持马克思主义理论的“实践维度”，不能为了理论而理论、为了学习而学习，不是为了让现实来证明理论、证明经典作家的伟大，“我们说马克思主

① 《毛泽东选集》第 3 卷，人民出版社 1991 年版，第 817 页。
② 《毛泽东选集》第 3 卷，人民出版社 1991 年版，第 814 页。

义是对的，决不是因为马克思这个人是什么‘先哲’，而是因为他的理论，在我们的实践中，在我们的斗争中，证明了是对的。我们的斗争需要马克思主义。我们欢迎这个理论，丝毫不存在什么‘先哲’一类的形式的甚至神秘的念头在里面”[①]。另一方面要求以理论为指导，不跟着感觉走、凭自己的经验盲目乱干，拼死拼活却对推进工作无益甚至还起反作用。大多数党员干部都在各自的岗位上从事具体事务工作，实践经验是丰富的，更需要的是将具体经验做法提升到理论的层面上，在实际工作中提升自己的理论素养。

要认识到，具体工作具有特殊性，理论更具有普遍性；具体工作环境表现为现象，理论思考则是达到本质的路径；具体工作做法具有暂时性特征，理论结晶才更具有长远性。没有持之以恒的理性思考，没有将一些具体工作经验上升到理论层面上，就会越来越力不从心，最终有可能会在面对新的问题时束手无策。

我们应善于将积累的经验做法总结提炼，对热点问题理性思索，对观念困惑深度追问，在具体实践中发现规律、找到必然、形成远见，为接下来的工作提供可资遵循的原则。

① 《毛泽东选集》第1卷，人民出版社1991年版，第111页。

第六章　贯彻上级指示的科学领导方法

反对教条主义、主观主义，还要解决如何正确贯彻上级指示这个“本本”的问题，处理好上级和下级、领导和群众、普遍与特殊、政策与对策等的关系。围绕这些关系的处理，毛泽东实际上给出的回答是：什么是科学的领导方法，什么是马克思主义的领导方法。阅读《反对本本主义》，能够找到这个问题的答案，提升自己的领导水平。

一、“反对上级指示的最妙方法”

上级指示的落地是需要一个过程的，要通过下级的贯彻执行来完成。这决定了再好的上级指示，也不一定会产生实实在在的效果，它主要取决于下级是否贯彻执行，是否科学地而不是盲目地贯彻执行。

不排除一种情况，有的下级坚决反对上级指示，装作没看到，置之不理，不闻不问，根本不落实，其借口是这种指示本身是错的，或者说它本身不错，但在本地方、本单位不可能发挥好的作用。鉴于上下级关系的客观存在，这种公然反对上级指示的情况当然是少见的。

更多的反对上级指示的做法，是“阳奉阴违”，是大张旗鼓地强调落实贯彻，实际上不干。内心里早就否定了，但表面不得不服从。这种贯彻注定是形式主义的，是被逼的，是没有办法的办法。与直接反对上级指示、拒不执行上级指示一样，这种做法是另一种形式的反对。

还有另一种情况，就是发自内心地认同上级指示，也相信只要严格贯彻上级指示就能解决问题。于是，不去怀疑，不打折扣，全身心地、真抓实干地投入贯彻执行中。恰恰是这种做法，毛泽东认为是“反对上级指示或者对上级指示怠工的最妙方法”[①]。

对此，有人可能会持不同意见，如此努力地贯彻上级指示，为什么还是反对上级指示？为什么还会受到如此批评？难道上级指示不就应该拿出这样的态度和行动去贯彻吗？

贯彻执行上级指示，没有错。错就错在，不考虑具体实际情况，盲目执行。

贯彻上级指示，首先应该思考的是怎么理解上级指示。不能因为它是上级领导的指示，就认为它是正确的指示，就不怀疑它的适用性。“我们说上级领导机关的指示是正确的，决不单是因为它出于‘上级领导机关’，而是因为它的内容是适合

① 《毛泽东选集》第 1 卷，人民出版社 1991 年版，第 111 页。

于斗争中客观和主观情势的，是斗争所需要的。”[①]应该对上级指示的正确性做出理性的分析和判断，必须依据客观实际和实践活动来进行分析与判断。

毛泽东要反对的是对上级指示的盲目执行，他主张实践是检验指示的标准，而反对上级指示是决定实践、客观实际的标准。机械地理解上级指示，错误地认为上级制定的一切政策都是正确的，习惯于把上级指示当作“死命令”，以“坚决执行上级指令”为口号而不知变通，不充分发挥自己的灵活性和相对独立性，就是“唯上论”，就一定会走向教条主义，走向形式主义地贯彻执行。

贯彻上级指示，一定要考虑具体实际去贯彻，不然的话，只会把好的上级指示给贯彻坏，只会好心办坏事，看似在贯彻，实际上只能是反对，是主观的“善”带来客观的“恶”。正如毛泽东所指出的：“不根据实际情况进行讨论和审察，一味盲目执行，这种单纯建立在‘上级’观念上的形式主义的态度是很不对的。为什么党的策略路线总是不能深入群众，就是这种形式主义在那里作怪。盲目地表面上完全无异议地执行上级的指示，这不是真正在执行上级的指示，这是反对上级指示或者对上级指示怠工的最妙方法。”[②]

一个领导者，要避免犯这种错误；一个政党，要杜绝出现

① 《毛泽东选集》第 1 卷，人民出版社 1991 年版，第 111 页。
② 《毛泽东选集》第 1 卷，人民出版社 1991 年版，第 111 页。

这种现象。有些人认为，这样是否太强人所难，我们还得辨别上级指示正确与否、适用与否，这难度也太大了。

不可能要求所有人辨别每个指示，也并不是说要随意去质疑、否定上级的指示，而是要充分考虑实际情况，深度思考上级指示的基本精神，不停留在表面，不图省事，不以为完全按要求做了就是最好的结果。

再好的指示也得结合实际来贯彻，这才能达到最好的贯彻效果。有的时候，贯彻之后没有产生好的结果，很多人习惯上就认为是上级指示的错，实际上有可能不是上级指示的错，而是贯彻上级指示时犯的错。因为没有达到预期效果，就去否定上级指示也是有问题的。

二、奈何“上有政策，下有对策”？

反对唯上论，不代表就可以不贯彻上级指示，就可以不讲执行力，甚至不讲纪律、不讲规矩，只讲自身独特性，只想着办法变通，对三令五申的事情还是不做，那就会进入另一个死胡同，出现“政令不出中南海”的问题。实际上，这也就是在反对唯上论的时候，走进了“唯下论”。

“上有政策，下有对策”，无疑是在政策执行过程中普遍流行的、势头难以遏制的一种现象。一直以来，人们对这一现象深恶痛绝，其最根本的原因在于，上边的好政策，到了下边，就给糟蹋了。但是，也有人抱屈，为“下有对策”鸣不平。上面的政策，到了下面根本没办法执行，它再好，又有什么用？相反，对策反倒是能便利地解决问题，推进了工作，为什么不能“有”？

那么，为什么会出现这两种截然相反的观点？这与政策和对策本身的性质有关。无论是政策还是对策，都是来自人们实践过程中的理性认知，都是实践经验的总结，差别在于上面的政策更具有普遍性、长远性，是从更广泛的、更长远的发展角度去制定的，而对策更具有特殊性、短期性，往往是从地方或部门实际层面制定的。政策和对策是不能简单地以孰优孰劣、谁对谁错来做区分的，应该以是否能够助推实践发展、能否合理解决现实问题为标准，来衡量政策、对策的正确与否。

不考虑对策的善意或恶意，对一些地方或部门来说，它更贴合实际，更容易见效。因此，不能因为政策的出现，它与政策不完全一致，就不分青红皂白地横加指责。

对策的出现必有一定的“实践”基础。例如，在“下”一方过多考虑个人和小集体利益，有条件、有能力贯彻政策，还找对策，这就应该批评否定；又如，因人力、财力所限，确实无法按政策执行，迫不得已另想对策，就需要重视，并应提供帮助；再如，所找对策，是立足地方实践具体问题具体分析的结果，能更好解决本地的问题，就不能一竿子打死，而应允许其存在。

在“上”的政策，所针对的“下”不止一个，上有普遍性，下有特殊性，普遍性不可能照顾到所有的特殊性，这就导致“上面”的政策，不利于解决所有“下面”的问题，甚至反而会使“下面”的问题扩大化。如果一味强力推行政策，就必然会刺激下面的“下有对策”。

政策本来是用来服务于实际的，如果政策根本没办法解决地方问题，反倒使地方陷入困境，当然就不能贯彻。而且，政策是死的，实践是不断变化的，再完美再合理的政策，都可能会在贯彻中遇到问题。要根据实践的具体情况不断完善政策，确保政策的可行性。

各级领导者，往往既是政策的制定者，又是对策的实施者。作为政策的制定者，应该考虑到尽可能多的导致政策不能贯彻的情况，考虑到“下面”执行的条件，在实践中不断补充完善政策。要善于把对策上升到政策的层面，变地方的实践为普遍性的政策。

作为对策的实施者，必须理解上面政策本身具有的全局性、长远性特点，领会这个政策要达到的目的，把本地区、本部门的具体利益与全局利益、长远利益结合起来。涉及一些方面的政策，是绝对不容许以任何借口、任何名义变通的，如政治建设、纪律建设、廉政建设，以及党的纪律、规矩、作风方面的政策，必须贯彻执行，不要想着任何的变通、任何的对策。

三、什么是马克思主义的领导方法？

解决盲目贯彻上级指示的唯上论，解决“上有政策，下有对策”的问题，就要掌握科学的领导方法、工作方法。1943 年，毛泽东在为中共中央起草的《关于领导方法的若干问题》中，提出了共产党人反对主观主义、官僚主义的“马克思主义的科学的领导方法”。

它包括两个方法或两个原则，第一个是一般和个别相结合的领导方法。

“一般”指领导者的“普遍的号召”，是对所有地区、部门、单位及个人的统一的要求，这是动员广大群众行动起来的前提。没有这个一般号召，也就无法实现对广大群众的动员。

一般号召与个别经验、个别指导是分不开的。普遍号召要通过个别的特殊性经验总结出来才是合理的、有力的，它要得到深入实施，也需要个别突破。如果没有这种个别突破，就不能验证一般号召是否正确，也无法充实一般号召的内容，就可能会使一般号召落空。“许多同志，满足于工作任务的一般号召，不注重和不善于在作了一般号召之后，紧紧地接着从事于个别的具体的指导，因而使自己的号召停止在嘴上、纸上或会议上，而变为官僚主义的领导。”[①]突破一点、取得经验，然后利用这种经验指导其他单位，是普遍号召落地的重要一环。

① 《毛泽东选集》第 3 卷，人民出版社 1991 年版，第 900 页。

这个方法实际上是矛盾普遍性和特殊性原理的应用，要从特殊性中找到普遍性，然后从普遍性中深刻理解特殊性，既要学会从特殊到一般，也要学会从一般到特殊。教条主义者恰恰没有认识到，只有研究矛盾的特殊性，认识个别事物的特殊的本质，才有可能充分地认识矛盾的普遍性，充分认识诸种事物的共同的本质，做出科学的、普遍的指导。他们也没有认识到，要在普遍性的基础上去挖掘特殊性，去研究已经研究过的具体事物或者新冒出来的事物，制订解决问题的有效方案。

一般和个别相结合的领导方法，还是矛盾全面性和重点性原理的运用。领导者既要根据具体地区的历史条件和环境条件，统筹全局，又要正确决定每一时期的工作重点，围绕中心工作同时开展其他方面的工作。在一定时间内只能有一个中心工作，不能同时有许多个中心工作，要避免形成很多的“中心工作”和凌乱无秩序的状态。要学会“弹钢琴”，想要弹奏出好的音乐，十个指头的动作要有节奏，做到互相配合，十个指头都有动作，但不能同时按下去。

第二个是领导和群众相结合的领导方法。

这个方法首先要注意发挥领导骨干的积极性，发挥积极分子的引领作用，注重和善于团结积极分子组成领导核心。既然讲相结合，就要意识到，做事情只有领导骨干的积极性，没有广大群众的积极性，也将会成为少数人的空忙。如果领导者不注重和不善于同广大群众密切地结合起来，那就会变成脱离群众的官僚主义的领导；不善于总结群众的实践经验，领导者就必然会主观主义地、自作聪明地发表许多不切实际的空谈。

一般和个别相结合的领导方法，与领导和群众相结合的领导方法，不是独立的、可以自成体系的，而是交织在一起的、相互融合的。一般和个别相结合，必然要求领导和群众相结合；领导和群众相结合，也必然要求一般和个别相结合。领导和群众相结合，从群众中来又到群众中坚持下去，以形成正确的领导意见的方法，这是更基本的领导方法，一般和个别相结合的方法，也可以看作这个基本领导方法的组成部分。

作为党员领导干部，在自己的岗位上，不对上是不可能的，但要更好地对上负责，就必须以学习的态度对下。毛泽东实际上还提到了另一种方法，那就是领导和学习相结合的方法，就是既做领导者、做先生，又做被领导者、做学生。

在 1949 年完成的《党委会的工作方法》一文中，毛泽东特别指出："我们切不可强不知以为知，要'不耻下问'，要善于倾听下面干部的意见。先做学生，然后再做先生；先向下面干部请教，然后再下命令。……这不会影响自己的威信，而只会增加自己的威信。我们做出的决定包括了下面干部提出的正确意见，他们当然拥护。"①

言犹在耳，可供今天的领导者学习领会。

① 《毛泽东选集》第 4 卷，人民出版社 1991 年版，第 1441 页。

第七章　调查研究技艺的全面掌握

反对教条主义、主观主义，需要掌握科学的方法论，《反对本本主义》的结论明确——“只有向实际情况作调查”。没有调查，就没有发言权，没有正确的调查，就没有发言权。调查研究可以说是毛泽东留给中国共产党人的看家本领，是我们干一番事业必须掌握的工作方法。“一万年还是要进行调查研究工作”[①]，我们要深刻认识调查的重要性，养成调查的习惯，掌握调查的技艺，把握好调查什么、如何调查的问题。

一、如此费力调查，值不值?

到现在还是有很多人不能理解调查的重要性，只是习惯性地重复“没有调查就没有发言权”的说法，但这并不表示内心的真正认同，也并不表示养成了自觉调查研究的习惯。有些人心里想的是，上面让搞调查研究，我不搞不行啊，一些人已经习惯了根据自己所认为的“聪明智慧”随时发号施令，已经习

① 《毛泽东文集》第 8 卷，人民出版社 1999 年版，第 262 页。

惯了对某个问题的“瞎说一顿”。

有些领导没有将其作为科学决策的必要要素，认为花费大量的时间和精力亲自去做调查研究，需要考虑值不值的问题。总觉得调查研究无外乎就是得出一些数据，这些数据有没有也不影响科学决策，而且要投入大量的人力、物力、财力。而且，很多事情听取汇报就够了，根据自己的经验就足可以应付了，并不是什么事情都需要调查研究。

阅读《反对本本主义》，我们必须从内心里真正认同调查研究的重要性。调查研究是马克思主义理论的重要方法论。作为一套致力于分析现实社会、改变人类社会的学说，马克思主义之所以区别于中西方的很多哲学、理论，就在于它的实践性，在于它从实际出发，致力于推动社会历史进程的发展。

马克思主义理论可以说就是经典作家立足现实、调查研究进行提炼的产物，它之所以能改变人类社会尤其是推进中国社会的进程，也是因为它在调查研究中、在客观实际中得到了丰富和发展。

调查研究也是中国共产党人的看家本领，是党员领导干部的基本功。在此有必要记住毛泽东的警示：“许多的同志都成天地闭着眼睛在那里瞎说，这是共产党员的耻辱，岂有共产党员而可以闭着眼睛瞎说一顿的吗？”[①]没有调查，不知底里，就注定是瞎说一顿。不精心于调查研究，本身就是一种不正确

① 《毛泽东选集》第 1 卷，人民出版社 1999 年版，第 109 页。

的领导方法和工作态度，再瞎说一顿，则是错上加错。

反对瞎说的目的，不是剥夺他们说话的权利，而是鼓励在正确调查基础上慎重用权，做到话不瞎说、权不滥用。

领导干部尤其需要学会“知之为知之、不知为不知”的智慧，在没有通过调查研究、心里无数的时候不随便发言，因为每一句发言无论对否，下级都要加以贯彻，都会产生影响，而不成熟发言的贯彻会给推进工作带来阻力，也会给自己带来“骂娘之声”。

调查研究是不说瞎话、做出正确决策的前提，也是找到解决问题办法、想出好的主意的方法。调查中自会发现问题的解决之道。毛泽东指出：“你完完全全调查明白了，你对那个问题就有解决的办法了。一切结论产生于调查情况的末尾，而不是在它的先头。只有蠢人，才是他一个人，或者邀集一堆人，不作调查，而只是冥思苦索地‘想办法’，‘打主意’。”[1]

调查就是要搜集、整理、分析各种素材，是“把脉”的过程。通过调查，把事情的来龙去脉捋清楚，找出头绪，问题的解决方案也就显露了出来。毛泽东倡导“迈开你的两脚，到你的工作范围的各部分各地方去走走”[2]的工作方法，确实十分有必要。

躬身做调查不是一项轻松的工作，需要耗费体力和脑力，

① 《毛泽东选集》第 1 卷，人民出版社 1991 年版，第 110 页。
② 《毛泽东选集》第 1 卷，人民出版社 1991 年版，第 110 页。

但这是一项基础性的、不得不做的工作。有些人出于能力不足的担忧，不敢接手新任务，实际上并不是能力不足，而是不肯迈出双足。一些人正是在这方面出现了精神懈怠的危险，不想走出办公室，从而出现了懒政怠政、官僚主义、脱离群众的问题。

一切决策之前要有调查。我们要养成先调查再决策的习惯，养成不知道什么是好的方案就先去调查的习惯，并使之成为一种决策机制，提高科学决策水平。所谓科学决策，通俗讲就是决策能够最大程度符合实际需要，以最低代价推动改造现实的进程。虽然决策的途径有很多，可以通过借鉴别人的经验来决策，也可以通过理论研讨来决策，但实践证明，通过调查研究来决策是最根本、最靠谱的，其他的决策机制则可以作为重要的补充。

在调查研究过程中，也要避免犯拖延病。调查是为了决策，是为了更好地解决问题，要谨防将调查研究沦为形式主义、教条主义，以调查研究为借口将一项政策无限期拖延。

世界上没有生而知之的天才，但有敏而好学的伟大人物。我们深切地感受到毛泽东之所以能够成功，绝离不开他对调查工作的重视，再加上他掌握了马克思主义理论，因此总是能够很快地从错综复杂的现实情况中，抓住事物的根本，把握事物前进的方向，制定富有预见性的决策。

我们不能总觉得自己可以一眼看透事物的本质，一拍脑袋就决策，而应该学习毛泽东，养成调查的习惯，从调查中想出主意、找到办法，做出科学的决策。

二、阶级分析法的具体应用

深刻理解调查的重要性是前提，而学会以理论为指导进行科学的调查则是关键。我们可能会认为，调查工作纯粹是个技术活，只要有足够的耐心，只要设计好调查步骤，制定好调查内容，就可以把这项工作做好。其实并非如此，若没有理论的指导，也不会有正确的调查。

仔细阅读《反对本本主义》会发现，毛泽东的调查工作有一定理论的支撑，这就是马克思主义的阶级分析法。调查工作可以说是阶级分析法的具体应用，毛泽东活学活用阶级分析法，将其贯彻到调查研究的过程中，他不只是学习马克思主义理论，而且把理论应用到了实践中。要努力做到习近平总书记所要求的："把调查研究作为基本功，深入基层、深入群众、深入实际，了解情况、问计于民。"[①]

毛泽东明确指出："作为我们社会经济调查的对象的是社会的各阶级，而不是各种片断的社会现象。"[②]调查是要把握社会现象，是要理解社会总体，但对象一定要是人，是处在各阶级中的人。而且，调查一定要直接面对活生生的人、现实生

① 习近平：《习近平谈治国理政》第 2 卷，外文出版社 2017 年版，第 144 页。
② 《毛泽东选集》第 1 卷，人民出版社 1991 年版，第 113 页。

活中的人，这是即便调查研究技术再发展也必须遵守的前提。

今天我们的调查越来越走向科学化，但一些技术手段的运用，却开始出现“见数据不见人”的苗头，有些调查报告纯粹是一堆数据、表格，看似很严谨、很科学，实际上对工作无益，把这种调查的数字、结果当作制定决策的依据，当作毋庸置疑的“真理”，结果可想而知。

调查研究是一门综合性的科学，需要用到社会学、统计学、人口学甚至心理学、历史学、地理学等各专业的知识，这些都要最终服务于“人”这个主体，要坚决杜绝见物不见人、只看数据、完全用数据说话的调查研究。

把人作为对象，不是把同质化的、没有差别的个人作为对象。人是有阶级之分的，这是客观现实。调查要尊重客观现实，必须调查不同阶级之人的差异。毛泽东所讲的调查，强调的是对不同阶级成员的调查，而不是对同一阶级、同一群体的调查，调查的是社会各阶级，而不是某一阶级的状况。

我们不能回避经济状况不同带来的不同阶级的态度，如果看不到社会成员的不同划分，无视不同人群差异化发展的客观事实，将所有的调查对象“一视同仁”，这种调查也不可能把握真实的实际情况，本身也会沦为形式主义。调查不能回避利益多元甚至利益对抗问题，不能追求统一忽略差异，忽略人民内部矛盾，甚至忽略对抗性的矛盾，不能求一团和气，这样不可能得到正确的调查结果，不可能了解完整的社会状况。

围绕阶级主体进行的调查，是要明了社会各阶级的政治经济情况，搞清楚各阶级现在的和历史的盛衰荣辱的情况，以及各阶级的生活状态、文化教育状况与政治态度。如此对各阶级主体的调查，实际上也就实现了对社会信息的全面掌握。各阶级是构成社会总体的一部分，社会的各阶级构成总体的社会状况，对各阶级、对各阶级之间的相互关系进行详细调查，也就能看到社会的全貌，形成对社会的总体性认识。

要看到的是，毛泽东所讲的阶级是宽泛的阶级概念，也可以说是阶层分析。马克思主义的阶级理论自然包括阶层理论，不仅讲资产阶级、无产阶级及即将在现代社会消亡的地主阶级这三大阶级，也讲中产阶级、小资产阶级、半无产阶级，还讲更为具体的半自耕农、雇农、贫农、中农、富农、小手工业者、店员、小贩、小商人、手工业工人、城市贫民、游民，以及包括学生界、中小学教员、小员司、小事务员、小律师在内的小知识阶层等。

无论是从历史经验还是从现实状况来看，没有哪个社会是只有阶级、没有阶层的，阶级内部不是铁板一块、没有矛盾的，阶级内部有阶层之分。调查研究要深入社会肌理内部而不流于表面，就要分析各个阶层，把阶级分析与阶层分析结合起来。在《反对本本主义》、《中国社会各阶级的分析》和《怎样分析农村阶级》等文章中，毛泽东在阶级分析的基础上更强调阶层分析，对中国社会各阶级进行了更为具体化、多样化的分析，实现了马克思主义阶级理论与时俱进的发展。

毛泽东的阶级分析理论，不仅容纳阶层分析，还容纳行业或职业分析。“我们不仅要调查各业的情况，尤其要调查各业内部的阶级情况。我们不仅要调查各业之间的相互关系，尤其要调查各阶级之间的相互关系。”[①]我们有些人在调查中喜欢阶层分析、职业分析而不喜欢阶级分析，反对马克思主义的阶级分析法，实际上是用带着偏见的眼光来看阶级分析法的。那些批判马克思主义只讲资产阶级与无产阶级的人，所批判的只是自己对马克思主义阶级理论的错误理解。

在马克思主义阶级问题上，确实存在着不同的观点：第一种观点认为阶级理论就是阶级斗争理论，它只在从下至上夺取政权的革命时期管用，在今天不管用了；第二种观点认为阶级斗争什么时候都不能丢，今天也不能丢，丢了就不是马克思主义；第三种观点则态度模糊，总觉得讲阶级不好，于是故意地、人为地忽略阶级存在、不在公开场合谈阶级。实际上，不同的观点都有一个共同的前提预设，那就是阶级理论必然就是阶级斗争理论，阶级分析方法必然会通往阶级对抗实践。

我们需要为阶级理论正名。阶级斗争只是马克思主义阶级理论内容的一个方面，而且它在阶级压迫惨重、阶级对立加剧的情况下应该作为行动的指南。今天我们更需要从客观的社会经济条件出发，正视不同阶级存在的现实，重视阶级分析方法

① 《毛泽东选集》第 1 卷，人民出版社 1991 年版，第 113 页。

的应用，获得科学的社会调查结果，不断解决社会问题、推进社会进步。

三、科学调查研究必备

除了有理论的指导，还要掌握实实在在的技术。做事情注重调查是一种态度，或者说是一种习惯，学会如何调查、开展正确的调查则是一种能力、一种技艺。一些人强调调查工作，也积极去调查，但如果调查方法是错误的，这就和不去调查的结果是一样的，甚至还不如不去调查。毛泽东是调查工作的高手，我们要跟着毛泽东学习调查的技艺，开展正确的调查。

做好调查，首先要有正确的调查态度。做好调查，做对调查，一个非常重要的前提，就是要有“眼睛向下”的兴趣和决心，“没有满腔的热忱，没有眼睛向下的决心，没有求知的渴望，没有放下臭架子、甘当小学生的精神，是一定不能做，也一定做不好的。必须明白：群众是真正的英雄，而我们自己则往往是幼稚可笑的，不了解这一点，就不能得到起码的知识”[①]。

一切调查工作都要首先端正态度，认真对待，“眼睛向下，不要只是昂首望天”[②]。在调查工作中，要反对两种错误的态度：一种是“老爷式的调查”，他们不是去调查问题的，而是

① 《毛泽东选集》第 3 卷，人民出版社 1991 年版，第 790 页。
② 《毛泽东选集》第 3 卷，人民出版社 1991 年版，第 789 页。

去摆排场的；不是去虚心了解群众的，而是去给群众当教员的。还有一种，可以叫作“猎奇式”的调查。毛泽东说：“像乡下人上街听了许多新奇故事，又像站在高山顶上观察人民城郭。”[①]“猎奇式”调查走马观花，遇到什么就调查什么，毫无章法，也不可能深入问题的本质。这种调查方式对于解决问题同样无益。

做好调查，目的、目标要明确。调查的目的就是发现和解决问题，调查问题的过程，就是解决问题的过程。我们要反对盲目调查，没有目的的调查，没有问题导向的调查。有的领导干部是只调查不看问题，也不解决问题，调查根本不是为了解决问题，而只是应付上级，掩人耳目，走走秀。但是，凡有责任心的人都是有问题导向，都是带着问题去调查的，是为了解决问题去调查的，是为了发现问题而调查的。

坚持问题导向，实际上包含两种意思：一种是坚持发现问题的导向，另一种是坚持解决问题的导向。我们比较容易注意到在调查中寻找解决方案，却忽视了在调查中发现新的矛盾和问题。这不是“没事找事”，而是为了增强预见性，提前做好预案，避免出现问题时措手不及。有的人具有观察问题的敏锐性，能够做到见微知著，防微杜渐；也有的人思维迟钝，在问题大量出现的时候才意识到严重性，结果错失良机，为时已晚。

做好调查，要历史和现实兼顾。调查某个问题，就要调查这个问题的现实情况和历史情况。细心的读者会发现，毛泽东

① 《毛泽东选集》第1卷，人民出版社1991年版，第113页。

非常注重对历史情况的调查，一讲调查就会讲到历史和现实，这是他的“历史思维”的体现。

为什么要如此强调调查历史情况呢？一则是因为看不到历史情况就不可能正确地看到现实情况，二则是因为只有从历史、现实中才能看到明天、未来。只聚焦于某个时间段的树木，是看不到历史的森林的，甚至连这个时间段的树木也看不全，本来是个桃树林还可能看成杏树林，本来是已经结果的树林还可能看成是刚开花的树林。只见树木不见森林，不仅是空间的障目，也是时间的障目。

做好调查，调查方式要选准。调查方式有多种，既可以采取实地调查的方式，也可以采取开调查会的方式。只要能够把问题搞清楚，无论采取哪一种方式都是可以的。针对不同的问题，两种调查方式会产生不一样的效果。如果一个问题涉及相当大的地理范围和多个部门，开调查会的方式可能更加高效。开调查会的前提是已经有人在前期就不同问题做了充足的调研准备，已经掌握了实际情况，所以调查会依然要以充分的实地调查为前提，否则就成了闭门造车、纸上谈兵。

有时，从调查会上得到的信息也未必完全可靠，需要深入实地加以验证，需要实地调查。同样，亲自实地调查所得到的资料也未必全面，需要通过开调查会的方式加以补充。这两种调查方式可以说都是可行的，且各有利弊，为了使调研结果更靠谱，最好是将它们结合起来运用。我们经常会看到党和国家领导人在深入群众调研后继续在当地开会，其实就是对这两种调查方式的综合运用。

做好调查，前期工作要做足、要做细。无论是实地调查还是开调查会，都要做充分的前期准备。最基本的方面是一致的，就是要明确去什么地方、找哪些人、讨论什么问题。

选择实地调研的地理范围一定要典型、全面，不能只去某一个农村和某一个城市，那样容易以偏概全。开调查会，要做讨论式的调查，兼听则明，偏信则暗，不能只听一个人的解说。对调研什么类型的人要悉心选择，要从年龄、职业和问题相关度等方面兼顾到尽可能广泛的人群，如工人、农民、商人、知识分子、兵士等。要根据调查人的组织能力来确定参与调查的人数，可以多开几次小会，以弥补无力组织大会的不足；要先明确讨论的中心问题，确定讨论提纲，提纲要逐一讨论，避免各说各话、自行其是；要亲身出发，接地气，不能单靠书面报告，要自己做记录，尽量避免他人代笔；要善于引导，确保从调查对象那里得到的信息都是可靠的、全面的；等等。毛泽东讲到的诸多方面，一看就是实践经验智慧积累的结果，具体的细节也值得我们好好琢磨。

做好调查，还要有始有终。调查既要有事前调查，也要有事后调查，事后调查与事前调查同样重要。事前调查是为科学决策提供事实依据，事后调查是为了取得反馈，检验决策是否真的符合现实要求。人们往往会忽视事后调查，制定政策后就让下级执行，在执行过程中出现阻力时便以命令的方式强力推进，结果激化了很多矛盾。出现这种错误的原因就在于太过于相信前期调研得出的结论，而忽视了政策执行过程中的具体困难。

在实际工作中，一项决策能够百分百符合实际情况几乎是不可能的。任何决策都具有特定的时间效用和空间效用。在这一时间段制定的政策，随着实践的发展，到了下一阶段就会失效；在这一部分地区具有普遍性的问题，在那一部分地区可能就不是问题。因为现实情况是极其复杂又时常变化的，所以需要将调查研究确立为一项常规性的工作，做到有始有终。这一点，与我们所讲的一般和个别相结合、领导和群众相结合的领导方法是一致的。

第八章　实事求是思想路线的坚守

反对教条主义、主观主义，要落脚到实事求是思想路线的确立和坚守。尽管只有“思想路线”一词在《反对本本主义》中出现，“实事求是”这四个字还没有明确提出，但实事求是思想路线的雏形已经形成。实事求是是治疗主观主义的“药方”，在今天重读这部经典著作，需要我们更深刻地理解实事求是在中国马克思主义发展史、在中国共产党的历史实践中的重要地位，切实把握它的深刻内涵，搞清楚如何坚守实事求是、真正做到实事求是。

一、还需要再认识的“实事求是”

习近平指出：“实事求是，是马克思主义的根本观点，是中国共产党人认识世界、改造世界的根本要求，是我们党的基本思想方法、工作方法、领导方法。”[①]实事求是的重要性，已经为全社会所认可。但不可回避的现实是，我们对实事求是

---

① 习近平：《习近平谈治国理政》第1卷，外文出版社2018年版，第25页。

本身的深意把握得还不够深，还需要再认识。

在现实生活中，我们对一个人说“你要实事求是啊”，往往表达的想法是“你要看实际、说实话、干实事”，不要好高骛远，不要信口开河，不要异想天开。讲实事求是，当然不能否定有这种意思在其中，在工作和生活中我们确实要杜绝根本不从实际情况出发，明明看到实际情况也不说实话，说了实话也不去干实事的现象。

但是，我们如果仅把实事求是理解到这个程度，那必将大大有损于它的深刻意蕴、厚重哲理，如此理解的实事求是也很难上升到思想路线的层次。让我们来看看毛泽东的界定：“‘实事’就是客观存在着的一切事物，‘是’就是客观事物的内部联系，即规律性，‘求’就是我们去研究。我们要从国内外、省内外、县内外、区内外的实际情况出发，从其中引出其固有的而不是臆造的规律性，即找出周围事变的内部联系，作为我们行动的向导。”①

简单说，实事求是，就是从客观存在的事物出发，研究出、探求出规律来指导我们的工作和生活。由此可知，“是”比“实”的位阶更高，更应该强调，看实际、说实话、干实事，那只是实事求是的基本要求、基本前提，从实际中找到规律、按客观规律办事，才是高水平、高层次的实事求是。

实事求是首先包含着一切从实际出发，它反对从我们的主

① 《毛泽东选集》第 3 卷，人民出版社 1991 年版，第 801 页。

观出发，从愿望、观念、理念出发，从理想、信仰、愿景出发；从曾经正确的某种观念、思想、理论出发，不顾时间、空间变换，还固守原来的观念、思想、理论；它要求从全面的、联系的、变化的实际出发，不能从片面的、孤立的、静止的实际出发，以防以偏概全、一叶障目、坐井观天等。

一切从实际出发，当然不是不要主观、撇开人本身，也不是要让我们完全受客观力量的支配，服从外在于我们的对象。一切从实际出发，就是要做到主观和客观相结合，因为在我们说一切从实际出发的时候，主语就是我们人自己，从实际出发恰恰是让我们更好地理顺与对象的关系，在主客观相结合中实现主观的目标。

我们是主体，从实际出发、与客观相结合，不是让我们丧失主体性，而是在尊重客体、对象的同时更好地实现主体性，实现我们主观的目标、意图、理想、愿景等。

做到主观和客观的统一，就是要做到尊重客观规律和发挥主体能动性相结合。从实际出发，不能停留在表象，要透过现象看本质，看到规律，看到趋势。我们面对的实际、现实、社会错综复杂，要在复杂现实中化繁为简、抽丝剥茧、把握脉络。

这决定了我们即使看到了“实事”或“事实”，也不一定能够探究到“是”，最多只能做到从实事出发、用事实说话。正是因为有这样的难题，有人才会否定我们把握“是”的可能性，有人才会认定这种“是”本身不存在从而陷入不可知论之中。我们要知难而上，要养成“求是”的习惯，既要善于观察、全面观察，又要善于理性思考、深度思考，借助于理论分析、思想指导来直面现实问题、解决现实问题。

但我们也不能认定那个叫“是”的东西就在那里，等待着我们去找到它、追到它。客观规律不能与主体实践割裂开来，不能一讲客观规律，就要去除主观的意志、主体的实践，没有主体参与的客观规律是不存在的。

不能把实事求是理解成一心去找客观规律，没找到规律就不能行动，把任何探索、创造、创新都看成是盲目的。或者认为客观规律一旦找到，就将成为主体能动性的永远的遵循，不遵循就是违背了客观规律。

毛泽东提出的“从斗争中创造新局面的思想路线”[①]，与之对立的就是“保守路线”，即认为现在的斗争策略已经再好不过了，只要遵守既定策略就无往而不胜，实际上也就是认为通过主体努力找到了客观规律，就开始反对任何违背这种客观规律的实践探索。斗争策略要在斗争过程中产生，要在实际经验中才能产生，而不是坐在房子里产生的，为此要时时了解社会情况，时时进行实际调查，不断地摸索出新经验、新策略。

这意味着真正的客观规律，能够指导人们行动的客观规律，不是一劳永逸、一次就能找到的，它是在主体不断实践的过程中总结出来的、不断进化的。不存在没有主体参与的、一

---

① 《毛泽东选集》第 1 卷，人民出版社 1991 年版，第 116 页。

成不变的客观规律，不能一讲客观规律，就不讲主体，不讲实践，更不能用客观规律来压制主体的创新实践。

客观规律本身包含着主体的意志、主体的经验、主体的实践，不去求，不参与到其中，客观规律就永远不可能出现。客观规律只会出现在主体探索的过程中，只有总结提炼主体实践的规律，才是我们所需要的推进人类社会进步的客观规律。只有动态中、发展中的客观规律才是真正的客观规律，才是我们所要探究的“是”。

就此而言，实事求是又是一种探索精神，一种创造精神，一种创新精神。它是在主观与客观的结合中、理论和实践的结合中积极进取，“求”不能只是发现规律，还包含着创造未来，它本身包含着解放思想、与时俱进、求真务实，它反对的是自我束缚、自我固化、自我封闭。

二、将实事求是进行到底！

我们都认同的好事，都觉得有意义的事情，并不意味着大家都要去做，都能做得好。被公认的对党和国家、对个人和社会都有重大价值的实事求是，在实际的贯彻执行上也不一定就能让人满意。

在全社会真正形成实事求是的氛围，并不是一件容易的事情。因为它不仅和我们每个人尤其是领导干部的观念、意识相关，和利益、事业相关，和能力、素养相关，甚至还和勇气、胆识相关。

真正做到实事求是为什么那么难？如何才能真正做到？这是我们需要深思的问题。

真正做到实事求是，首先要“知”实事求是，深刻认识到它对我们每个人的价值。

几乎所有人都会认识到实事求是的意义，但有些人只认为它对一个执政党执政、对国家长远发展有意义，而对自己的为人处世来说并无多大意义，反倒会影响到自己的事业。

其道理是：做任何事，都是与人打交道，而人都愿意听好话，不一定愿意听真话。即使是假话，只要是好话，也会招人喜欢。实话实说，做老实人，吃亏的肯定是自己。因此，务虚处事，圆滑待人，自然就会变成其信奉的人生哲学，于是在其字典里，根本没有“实”，见人全都是“是”。

方圆人生，要处理好“方圆辩证法”。人生来是方的，方方正正，血气方刚，有棱有角，但棱和角会触碰到别人，所以要磨，要圆一点，才能与人更好交往，这无可厚非。但是，我们不能磨得太圆了，只有圆没有方，变得没有任何立场，见人说人话，见鬼说鬼话，就是没有自己的话。

人们不能根据一个人所说的话来判断一个人，不仅要听其言，也要观其行，听其言也要明辨是真言还是假言，罔顾客观实际，没有立场、没有自我的人不会受到尊重，不会让人信服。

实事求是，说实话、干实事、做老实人，对个人发展也很重要。在思想观念的深处，不认同这一点，就很难做到最基本的实事求是，也更难做到更高层次的实事求是了。

真正做到实事求是，要求我们从态度上“勤”于实事求是，自觉养成实事求是的习惯。

有些人知道实事求是好，对个人的日常工作也有意义。但一想，做任何事都讲实事求是，实在是太累了。反倒是在办公室里，学学讲话，听听汇报，看看新闻，侃侃大山，轻松随意，而且也能把事情给完成了。整天想着去调查研究，去了解客观情况，去研究客观规律，工作不就成了负担了吗？

毛泽东所批判的“保守路线”就是如此，安于现状，不求甚解，空洞乐观，饱食终日，坐在机关里面打瞌睡，从不肯伸只脚到人民群众中去，去调查研究，对人讲话一向是那几句老生常谈，使人厌听。

懒惰是实事求是的敌人，是滋生教条主义、形式主义、官僚主义的心理前提。领导者一旦养成养尊处优的惰性，就会把自己封闭起来，学到的只是不能指导实际工作的讲话，看到的只是网络上的新闻，听到的只是秘书的汇报和思路。他就只能唯书、唯上，照搬照抄，很难成为让人心服口服的领导，他维系自己领导职位的方法也只能靠级别、靠压制。

一个领导者只有尽最大可能地通过实践掌握第一手资料，自己独立思考、有独到见解，才能在自己的工作岗位上彰显出领导的魅力，成为让人衷心拥护的领导，也才能在实现自身价值的同时实现社会价值。

真正做到实事求是，还要求我们“能”实事求是，掌握实事求是的方法。

心有余而力不足，想着去实事求是，不一定能做到实事求是。我们即使看到“实事”，也不一定能“求”出“是”来。求到“是”，有客观条件的限制，“实事”过于纷繁复杂，有时看到的只是片面的，而看不到它内在的脉络；也会有主观条件的制约，受领导者知识水平、理论素养、经验阅历、思维方式所限。

毛泽东提供了解决这个问题的思路，整体上就是占有大量可靠的感觉材料，去粗取精、去伪存真、由此及彼、由表及里的过程，实现对实践经验的理性思考、理论总结。这个过程实际上就是实事求是的过程。

领导干部的工作，往往需要的是集思广益、广纳群言，然后做出自己的独立思考，辨识谁讲的是粗糙的、谁讲的是错伪的，留下精华的、真实的，在这些意见和观点中，进一步地深入思考、举一反三，把握住内在的逻辑和联系，然后再将形成的政策落实到实践中，通过实践来检验、来修正。

真正做到实事求是，很多时候还要求我们“敢”于实事求是，勇敢冲破利益的桎梏和体制的障碍。

有些领导者也知、也想、也能实事求是，但是不敢实事求是，一个原因是与自己的利益不相符，与自己的升迁不相符，会让本部门、本人的好处和实惠打折扣。如果实事求是了，就没有政绩或者让自己的政绩打折扣。于是乎，只能假话连篇，假计划大张旗鼓，假数字满天飞，热热闹闹搞形式，轰轰烈烈造假象，大张旗鼓地讲实事求是，认认真真地搞“虚事求假”。

说白了，之所以会这样，是因为干事业的出发点已经出了问题，根本考虑到的是自己的私利和升迁。殊不知，社会进步必将或已经到了新的阶段，领导干部实现自身价值和事业的进步，必须与社会的整体利益、与群众的根本利益一致，只顾自己私利、无视长远利益、整体利益的人再也没有成功之可能。

另一个原因是实事求是与科层体制相冲突。有时，事实摆在面前，稍加思考，就能辨认出来，但一些人还是按照明明是错的方法去做。原因就在于他们信奉的信条是：谁是领导，谁说的就对，哪怕是错的，也对。

实事求是的勇气，说到底是被权力的威力给压制了。绝对的权力不仅产生绝对的腐败，也产生绝对的谎话连篇。领导干部需要营造鼓励说真话的风气，不要把个人意志强加到一切领域，以防自己变得目空一切，害人害己。

领导者要“知”实事求是的重要性，要去时刻“想”实事求是，掌握“能”实事求是的方法，最后还要“敢”实事求是。这不仅需要制度的更加包容、社会环境的改善，也需要个人观念的突破、个体能力的提升。

我们不能一味地将不能实事求是的原因归结到社会环境，将不能实事求是的责任推给制度、体制，抱怨体制不给自己实事求是的机会。体制是人建构的，社会是人构成的，人需要用自己的行动去改变它，领导干部更需要率先垂范。

附　　录

反对本本主义*

（一九三〇年五月）

一　没有调查，没有发言权[1]

你对于某个问题没有调查，就停止你对于某个问题的发言权。这不太野蛮了吗？一点也不野蛮。你对那个问题的现实情况和历史情况既然没有调查，不知底里，对于那个问题的发言便一定是瞎说一顿。瞎说一顿之不能解决问题是大家明了的，那末，停止你的发言权有什么不公道呢？许多的同志都成天地闭着眼睛在那里瞎说，这是共产党员的耻辱，岂有共产党员而可以闭着眼睛瞎说一顿的吗？

要不得！

要不得！

注重调查！

---

* 毛泽东的这篇文章是为了反对当时红军中的教条主义思想而写的。那时没有用“教条主义”这个名称，而叫它做“本本主义”。

反对瞎说！

二　调查就是解决问题

你对于那个问题不能解决吗？那末，你就去调查那个问题的现状和它的历史吧！你完完全全调查明白了，你对那个问题就有解决的办法了。一切结论产生于调查情况的末尾，而不是在它的先头。只有蠢人，才是他一个人，或者邀集一堆人，不作调查，而只是冥思苦索地“想办法”，“打主意”。须知这是一定不能想出什么好办法，打出什么好主意的。换一句话说，他一定要产生错办法和错主意。

许多巡视员，许多游击队的领导者，许多新接任的工作干部，喜欢一到就宣布政见，看到一点表面，一个枝节，就指手画脚地说这也不对，那也错误。这种纯主观地“瞎说一顿”，实在是最可恶没有的。他一定要弄坏事情，一定要失掉群众，一定不能解决问题。

许多做领导工作的人，遇到困难问题，只是叹气，不能解决。他恼火，请求调动工作，理由是“才力小，干不下”。这是懦夫讲的话。迈开你的两脚，到你的工作范围的各部分各地方去走走，学个孔夫子的“每事问”[2]，任凭什么才力小也能解决问题，因为你未出门时脑子是空的，归来时脑子已经不是空的了，已经载来了解决问题的各种必要材料，问题就是这样子解决了。一定要出门吗？也不一定，可以召集那些明了情况的人来开个调查会，把你所谓困难问题的“来源”找到手，“现状”弄明白，你的这个困难问题也就容易解决了。

调查就像“十月怀胎”，解决问题就像“一朝分娩”。调查就是解决问题。

三　反对本本主义

以为上了书的就是对的，文化落后的中国农民至今还存着这种心理。不谓共产党内讨论问题，也还有人开口闭口“拿本本来”。我们说上级领导机关的指示是正确的，决不单是因为它出于“上级领导机关”，而是因为它的内容是适合于斗争中客观和主观情势的，是斗争所需要的。不根据实际情况进行讨论和审察，一味盲目执行，这种单纯建立在“上级”观念上的形式主义的态度是很不对的。为什么党的策略路线总是不能深入群众，就是这种形式主义在那里作怪。盲目地表面上完全无异议地执行上级的指示，这不是真正在执行上级的指示，这是反对上级指示或者对上级指示怠工的最妙方法。

本本主义的社会科学研究法也同样是最危险的，甚至可能走上反革命的道路，中国有许多专门从书本上讨生活的从事社会科学研究的共产党员，不是一批一批地成了反革命吗？就是明显的证据。我们说马克思主义是对的，决不是因为马克思这个人是什么“先哲”，而是因为他的理论，在我们的实践中，在我们的斗争中，证明了是对的。我们的斗争需要马克思主义。我们欢迎这个理论，丝毫不存什么“先哲”一类的形式的甚至神秘的念头在里面。读过马克思主义“本本”的许多人，成了革命叛徒，那些不识字的工人常常能够很好地掌握马克思主义。马克思主义的“本本”是要学习的，但是必须同我国的实际情况相结合。我们需要“本本”，但是一定要纠正脱离实际情况的本本主义。

怎样纠正这种本本主义？只有向实际情况作调查。

四　离开实际调查就要产生唯心的阶级估量和唯心的工作指导，那末，它的结果，不是机会主义，便是盲动主义

你不相信这个结论吗？事实要强迫你信。你试试离开实际调查去估量政治形势，去指导斗争工作，是不是空洞的唯心的呢？这种空洞的唯心的政治估量和工作指导，是不是要产生机会主义错误，或者盲动主义错误呢？一定要弄出错误。这并不是他在行动之前不留心计划，而是他于计划之前不留心了解社会实际情况，这是红军游击队里时常遇见的。那些李逵[3]式的官长，看见弟兄们犯事，就懵懵懂懂地乱处置一顿。结果，犯事人不服，闹出许多纠纷，领导者的威信也丧失干净，这不是红军里常见的吗？

必须洗刷唯心精神，防止一切机会主义盲动主义错误出

现，才能完成争取群众战胜敌人的任务。必须努力作实际调查，才能洗刷唯心精神。

五　社会经济调查，是为了得到正确的阶级估量，接着定出正确的斗争策略

为什么要作社会经济调查？我们就是这样回答。因此，作为我们社会经济调查的对象的是社会的各阶级，而不是各种片断的社会现象。近来红军第四军的同志们一般的都注意调查工作了[4]，但是很多人的调查方法是错误的。调查的结果就像挂了一篇狗肉账，像乡下人上街听了许多新奇故事，又像站在高山顶上观察人民城郭。这种调查用处不大，不能达到我们的主要目的。我们的主要目的，是要明了社会各阶级的政治经济情况。我们调查所要得到的结论，是各阶级现在的以及历史的盛衰荣辱的情况。举例来说，我们调查农民成分时，不但要知道自耕农[5]，半自耕农[6]，佃农，这些以租佃关系区别的各种农民的数目有多少，我们尤其要知道富农，中农，贫农，这些以阶级区别阶层区别的各种农民的数目有多少。我们调查商人成分，不但要知道粮食业、衣服业、药材业等行业的人数各有多少，尤其要调查小商人、中等商人、大商人各有多少。我们不仅要调查各业的情况，尤其要调查各业内部的阶级情况。我们不仅要调查各业之间的相互关系，尤其要调查各阶级之间的相互关

系。我们调查工作的主要方法是解剖各种社会阶级，我们的终极目的是要明了各种阶级的相互关系，得到正确的阶级估量，然后定出我们正确的斗争策略，确定哪些阶级是革命斗争的主力，哪些阶级是我们应当争取的同盟者，哪些阶级是要打倒的。我们的目的完全在这里。

什么是调查时要注意的社会阶级？下面那些就是：

工业无产阶级

手工业工人

雇农

贫农

城市贫民

游民

手工业者

小商人

中农

富农

地主阶级

商业资产阶级

工业资产阶级

这些阶级（有的是阶层）的状况，都是我们调查时要注意的。在我们暂时的工作区域中所没有的，只是工业无产阶级和工业资产阶级，其余都是经常碰见的。我们的斗争策略就是对这许多阶级阶层的策略。

我们从前的调查还有一个极大的缺点，就是偏于农村而不注意城市，以致许多同志对城市贫民和商业资产阶级这二者的策略始终模糊。斗争的发展使我们离开山头跑向平地了[7]，我们的身子早已下山了，但是我们的思想依然还在山上。我们要了解农村，也要了解城市，否则将不能适应革命斗争的需要。

六　中国革命斗争的胜利要靠中国同志了解中国情况

我们的斗争目的是要从民权主义转变到社会主义。我们的任务第一步是，争取工人阶级的大多数，发动农民群众和城市贫民，打倒地主阶级，打倒帝国主义，打倒国民党政权，完成民权主义革命。由这种斗争的发展，跟着就要执行社会主义革命的任务。这些伟大的革命任务的完成不是简单容易的，它全靠无产阶级政党的斗争策略的正确和坚决。倘若无产阶级政党的斗争策略是错误的，或者是动摇犹豫的，那末，革命就非走向暂时的失败不可。须知资产阶级政党也是天天在那里讨论斗争策略的，他们的问题是怎样在工人阶级中传播改良主义影响，使工人阶级受他们的欺骗，而脱离共产党的领导，怎样争取富农去消灭贫农的暴动，怎样组织流氓去镇压革命等等。在这样日益走向尖锐的短兵相接的阶级斗争的形势之下，无产阶级要取得胜利，就完全要靠他的政党——共产党的斗争策略的正确和坚决。共产党的正确而不动摇的斗争策略，决不是少数人坐在房子里能够产生的,它是要在群众的斗争过程中才能产生的,这就是说要在实际经验中才能产生。因此，我们需要时时了解社会情况，时时进行实际调查。那些具有一成不变的保守的形式的空洞乐观的头脑的同志们，以为现在的斗争策略已经是再好没有了，党的第六次全国代表大会的“本本”[8]保障了永久的胜利，只要遵守既定办法就无往而不胜利。这些想法是完全错误的，完全不是共产党人从斗争中创造新局面的思想路线，完全是一种保守路线。这种保守路线如不根本丢掉，将会给革命造成很大损失，也会害了这些同志自己。红军中显然有一部分同志是安于现状，不求甚解，空洞乐观，提倡所谓“无产阶级就是这样”的错误思想，饱食终日，坐在机关里面打瞌睡，从不肯伸只脚到社会群众中去调查调查。对人讲话一向是那几句老生常谈，使人厌听。我们要大声疾呼，唤醒这些同志：

速速改变保守思想!

换取共产党人的进步的斗争思想!

到斗争中去!

到群众中作实际调查去!

七　调查的技术

(1)要开调查会作讨论式的调查

只有这样才能近于正确，才能抽出结论。那种不开调查会，不作讨论式的调查，只凭一个人讲他的经验的方法，是容易犯错误的。那种只随便问一下子，不提出中心问题在会议席上经过辩论的方法，是不能抽出近于正确的结论的。

（2）调查会到些什么人？

要是能深切明了社会经济情况的人。以年龄说，老年人最好，因为他们有丰富的经验，不但懂得现状，而且明白因果。有斗争经验的青年人也要，因为他们有进步的思想，有锐利的观察。以职业说，工人也要，农民也要，商人也要，知识分子也要，有时兵士也要，流氓也要。自然，调查某个问题时，和那个问题无关的人不必在座，如调查商业时，工农学各业不必在座。

（3）开调查会人多好还是人少好？

看调查人的指挥能力。那种善于指挥的，可以多到十几个人或者二十几个人。人多有人多的好处，就是在做统计时（如征询贫农占农民总数的百分之几），在做结论时（如征询土地分配平均分好还是差别分好），能得到比较正确的回答。自然人多也有人多的坏处，指挥能力欠缺的人会无法使会场得到安静。究竟人多人少，要依调查人的情况决定。但是至少需要三人，不然会囿于见闻，不符合真实情况。

（4）要定调查纲目

纲目要事先准备，调查人按照纲目发问，会众口说。不明了的，有疑义的，提起辩论。所谓“调查纲目”，要有大纲，还要有细目，如“商业”是个大纲，“布匹”，“粮食”，“杂货”，“药材”都是细目，布匹下再分“洋布”，“土布”，“绸缎”各项细目。

（5）要亲身出马

凡担负指导工作的人，从乡政府主席到全国中央政府主席，从大队长到总司令，从支部书记到总书记，一定都要亲身从事社会经济的实际调查，不能单靠书面报告，因为二者是两回事。

（6）要深入

初次从事调查工作的人，要作一两回深入的调查工作，就是要了解一处地方（例如一个农村、一个城市），或者一个问题（例如粮食问题、货币问题）的底里。深切地了解一处地方或者一个问题了，往后调查别处地方、别个问题，便容易找到门路了。

（7）要自己做记录

调查不但要自己当主席，适当地指挥调查会的到会人，而且要自己做记录，把调查的结果记下来。假手于人是不行的。

注　释

[1] 一九三一年四月二日毛泽东在《总政治部关于调查人口和土地状况的通知》中，对“没有调查，没有发言权”的论断作了补充和发展，提出“我们的口号是：一，不做调查没有发言权。二，不做正确的调查同样没有发言权。”

[2] 见《论语·八佾》。原文是：“子入太庙，每事问。”

[3] 李逵是《水浒传》中的一个英雄人物。他朴直豪爽，对农民革命事业很

忠诚，但是处事鲁莽。

[4] 毛泽东历来重视调查工作，把进行社会调查作为领导工作的首要任务和决定政策的基础。在毛泽东的倡导下，红军第四军的调查工作逐渐地开展起来。毛泽东还把进行社会调查规定为工作制度，红军政治部制订了详细的调查表，包括群众斗争状况、反动派状况、经济生活情况和农村各阶级占有土地的情况等项目。红军每到一个地方，都首先要弄清当地的阶级关系状况，然后再提出切合群众需要的口号。

[5] 这里是指中农。

[6] 这里是指自己有一部分，同时租种一部分土地，或出卖一部分劳动力，或兼营小商的贫农。

[7] 这里所说的山头指江西、湖南边界的井冈山地区，平地指江西南部、福建西部地区。一九二九年一月，毛泽东、朱德率领红军第四军的主力，自井冈山出发，向江西南部、福建西部进军，开辟赣南、闽西两大革命根据地。

[8] 指一九二八年六月至七月召开的中国共产党第六次全国代表大会通过的各项决议案。一九二九年初，红军第四军前敌委员会曾经把这些决议案汇集印成单行本，发给红军和地方的党组织。

（节选自毛泽东：《毛泽东选集》第一卷，
人民出版社 1991 年版，第 109—118 页。）